縦横無尽に張りめぐらされた
船上のハンモック

AMAZON

ピラルクとピラルク漁師の家族

アマゾンを往来するローカル船

河口の街・ベレンのベロペーゾ市場で見た中で最も大きい魚。ここに並べられる魚の半分以上は海のものだという。この巨大魚も海の魚とのこと

ピラニア定食。最初はうまかったが、そのうち、こればっかりなので飽きてくる

物売りの子供たち

河からみたマナウス

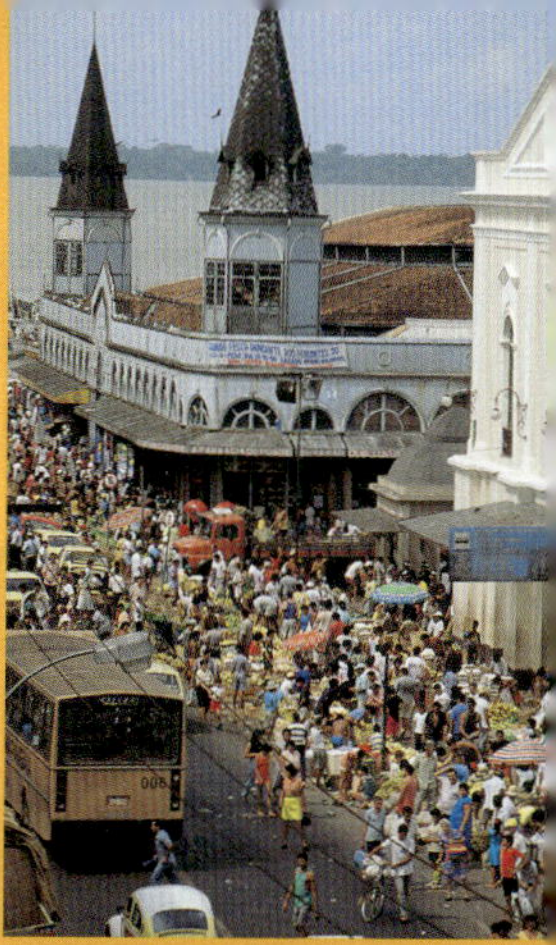

ベレンの街

イキトス・ベレン市場で歩いていた巨大ナマズ。このナマズは世界最大の淡水魚で、最も大きいものはピラルクを超えるといわれている

広場の屋台で食事する

アマゾン最長源流・ミスミ山に向かう荒野で、
おっさんにおぶわれていたアルパカの赤ん坊

巨流アマゾンを遡《さかのぼ》れ

高野秀行

集英社文庫

巨流《きょりゅう》アマゾンを遡《さかのぼ》れ

巨流アマゾンを遡れ　目次

AMAZON

撮影／鈴木邦弘
本文デザイン／Design Convivia
地図デザイン／山田純一

アマゾン全図
ガイアナ
スリナム
フランス領
ギアナ
北大西洋
赤道
マカパ
ジャリ川
ジャリ
モンテ アレグレ
マラジョ島
ベレン
マナウス
アマゾン河
シングー川
トカンティンス川
マディラ川
タパジョース川
サンタレン
ブラジル
南アメリカ全図
コロンビア
ブラジル
ペルー
サルバドール
リオデ
ジャネイロ
サンパウロ
0
1000
2000km

ベネズエラ
コロンビア
ネグロ川
エクアドル
プトゥマヨ川
(ソリモンエス川)
ア
マ
レティシア
ジュタイ
テフェ
イキトス
タバチンガ
マラニョン川
ベンジャミン コンスタン
ウカヤリ川
ジャバリ川
プカルパ
アプリマク川
ペルー
リマ
マチュ ピチュ
クスコ
ボリビア
N
カイヨマ
ミスミ山

はじめに

〝アマゾン〟——世界には、さまざまな国や地域があるけれど、アマゾンほど、一口で説明するのが難しい地域も珍しいんじゃないかと思う。今までに、アマゾンに関する本は星の数ほど出ているが、それらの本の著者も同じようなことを感じていたらしく、四苦八苦した挙句、結局は、まず、数字の羅列で読者を驚かせようという姑息《こそく》な、しかし強烈な作戦に出ることが多い。例えば——といって私もちゃっかりそれに倣ってしまうのだが——、「世界の河川の全水量のほぼ五分の一がアマゾン河を流れる」「アマゾン河の流域面積は日本の一九倍」「河口の幅は約三二〇キロ、一六〇〇キロ遡《さかのぼ》ったところにある内陸部マナウスでも河幅は乾期で一一キロ、雨期で五六キロ」「全世界の森林の三分の一をアマゾンの森林が占める」「全世界の酸素の二分の一はアマゾンの森林から生み出される（ホントか？）」「アマゾン河に生息する魚の種類は大西洋の魚類を上回る。しかも、その半数はまだ未発見、名前がついてないだろう」……ｅｔｃ。

こんなことをのっけから言われると、第１Ｒの開始ゴングの直後、相手から奇襲のラッシュを浴びて浮き足立ったボクサーのような、「わー、いったい、何なんだ!?」という気分を味わう。しかも、もともと、自分の頭の中には、子供の頃からインプットされていた「人食い魚ピラニア」「素っ裸の未開の原住民」「黄金を探しに行ったきり大ジャングルの中に消えた探検家」という恐ろしい秘境としてのアマゾン、そして、もう一方で最近になってから入ってきた「熱帯雨林破壊が深刻だ」とか「アマゾンの日系人が、日本に大挙して出稼ぎに来ている」というニュースに代表される超今日的なアマゾン、この二つが、全く接点を見出《みいだ》せないまま、しっかりと根づいているのだ。これでは、パニックを起こすのも無理はない。

もちろん、何冊も本を読んだり、現地に行ったことのある人に話を聞けば、知識は広がる。が、知識が広がるにつれアマゾンのイメージはますますボヤけてくる。結局、頭が空《から》っぽになり、あー、いったいどんなところなんだろう？　と大きく吐息をついたとき、旅の準備は、実は、終わっている。もう、結論は一つしかないからだ。

「行ってみなくちゃわからない」

そこに、この本の出発点がある。

私たちは、広いアマゾンのうち、最も旅行的な環境が整ったアマゾン河本流を、河口のベレンからペルー領のイキトスまで地元の定期船で遡った。日本からベレンにたどりつくまでと、最後イキトスからアンデス山中のアマゾン河流域の旅を加えると全部で約四ヵ月かかった。もちろん、その間、ピラニア釣りをしたり、インディオの集落を訪ねたり、とけっこう遊んでいる。

私は、学生時代をアフリカ・コンゴのジャングルをうろつくために費やした人間で、相棒の鈴木邦弘氏は、やはりコンゴのピグミーの写真を撮っているカメラマンである。ともに、秘境の第一人者とはとても言えないが、三流の辺境愛好家くらいではある。しかし、今回の旅では、努めて旅行者に徹していたので、リスクを伴う、あるいは特別な準備を必要とするような行為は、ほとんどしていない。最後の源流への旅を除けば、どれもこれも、普通の旅行者が普通に行える旅である。

普通の旅行者がよきアマゾン旅行をするのに必要なものは、キャンプ道具でもなければ、多額の予算でもない。毒ヘビの血清でもなければ、根性でもない。他の地域での旅行と同じく、創意・工夫に運と偶然さえあれば、十分なのだ。

序章　アマゾンへ

PROLOGUE To The Amazon

アマゾンへ行くには、いくつもの方法がある。

時間がない日本人のいわゆる観光客と呼ばれる人たちは、ブラジルのマナウスやペルーのイキトスのような国際空港を持つアマゾン本流の大都市に直行したりする。もう少し時間的に余裕があり、また南米の他の地域も見て回りたいのなら、まずブラジルならサンパウロかリオデジャネイロ、ペルーなら首都のリマに入り、そこからアマゾンの各都市へ飛ぶのが一般的である。

また、中米から陸路でずるずる下ってきた旅行者は、南米大陸の玄関口であるコロンビアの首都ボゴタからやはりコロンビア領のレティシアに入る。これはマイナールートだがバックパッカーにはよく知られており、なかなか安上がりである。

私たちの場合は、サンパウロからアマゾン河口の街ベレンへ向かったが、飛行機を使わずバスにしたのは、単に金がなかったことと、順序だててアマゾンへ行きたかったことによる。

私たちが、サンパウロに到着したのは十月半ばであったが、毎日雨ばかり降ってうすら寒く、灰色の街はことさら陰鬱《いんうつ》に見え、物価も高かったので、早々に出発した。

リオまでバスで六時間、この街は熱気むんむんで楽しげだったが軽く流し、再びバスで三十六時間、ブラジルの古都にしてサンバの故郷であるサルバドールに着いた。ここで、『空手バカ一代』で、かの大山倍達《ますたつ》も闘ったことになっている伝説の格闘技カポエイラに驚嘆し、翌々日の夕方、ようやくベレン行きのバスに乗り込んだ。

ブラジルのバスは、ひじょうにシステマティックだ。車輌は新しく快適で、約三時間ごとに日本でいうサービスエリアのような休憩所に入って二十分くらい休む。コロンビアのように、朝から晩まで音楽をガンガン鳴らしたり大声で騒いだりする者もおらず、いたって静かである。ブラジルは、少なくとも表向きは一流国なのだ。私の斜め前に座っている若い女にしきりに話しかけて口説こうとしている、いかにも女たらしという感じの男が、目につくといえばつくくらいか。

三時間くらい乗ったから、九時頃であろう、バスが小さい町のはずれに止まった。全員降ろされる。何かと思ったら、黄熱病予防接種所である。ここから先は黄熱病感染ゾーンになるということで、白衣の医師が自転車の空気入れのようなペダルつきの注射マシーンで、きゃあきゃあ騒ぐ乗客にどんどん注射していく。犬の狂犬病予防接種会場のようだ。客がぐずぐずしていると、医者はいらいらとペダルを踏んでプシュープシューと黄熱ワクチンをまき散らして、感嚇する。黄熱病の注射は一度やると十年有効である。私たちは、前にアフリカへ行ったときにやってあったので、イエローカード（予防接種に関する国際証明書）を見せたら幸いにもこの空気入れ注射を逃れることができた。

別に、黄熱病のゾーンに入ったから見捨てられた土地になったというわけでもないだろうが、急に道路が悪くなる。真っ暗なのでよくわからないが、バスがガクンガクン揺れて眠れない。

一時停車のサービスエリアもだんだんランクが下がっていくようで、夜中にもかかわらず、水、フルーツ、小物売りの子供たちがバスに群がって棒で窓をひっぱたき、いやが上にもローカル色豊かになっていくのがわかる。

翌朝、目を覚ますと、バスは見渡す限りの荒野を走っていた。岩がごろごろしている荒れ地にサボテンが孤独にポツンと生えている光景なんて初めて見た。異境に来たと思った。灌木《かんぼく》が茂っているところも結構あるが、驚いたことに、その灌木には葉がほとんどついていない。日本の冬の山みたいだ。たまに、はるか彼方《かなた》に少しばかりの緑があると、くっきり緑色の点として見えるほどである。この荒野で、アバラの浮き出た牛どもが、あるかないかのペンペン草みたいなやつをかじっている。

ここがセルタンゥか。

ブラジルの東北部（ノルデスチ）というのは、国内で最も貧しい地域といわれ、特に、「セルタンゥ（奥地、僻地《へきち》）」の名で知られる内陸部は雨が降らないところが多く、昔から干ばつが繰り返され、餓死者を数え切れないほど出している。乾いた土地では牧畜をする。

牛や馬が草と葉を徹底的に食い尽くす。緑の絶えた大地は再生不可能となり、人々は他の荒れ地に移動して一からやり直すか、飢え死ぬか、カンガセイロ（山賊）になるしかなかった。

一九世紀から二〇世紀初めにかけて、絶望した人々の中に、幾度か強烈なメシア信仰が生まれ、バイーア州などでは、コンセリェイロという預言者のまわりに原始キリスト教のような共同体ができ、鎮圧に来たブラジル連邦軍を再三にわたって撃破したりした。

この前（一九九〇年）のペルー大統領選挙でアルベルト・フジモリに敗れたM・バルガス＝リョサの大作『世界終末戦争』は、このセルタンゥの反乱に題材をとったものである。リョサの作品では、『緑の家』が最も有名だが（こちらの方は、主人公の一人が日本人でアマゾンが舞台の一つである）、私は、日本語版で八百ページ近いセルタンゥの物語が好きだ。何しろ書出しがいい。「男は長身でひどくやせていたので、前から見てもいつも横を向いているようにみえた。……」

ともかく、そういう土地なのだ。また近年、干ばつがひどくなり、これはあのエル・ニーニョ現象と関係があると最近わかったらしいのだが、状況はかなり深刻になっていると聞いた。土地改良の試みもされ、日本からも筑波《つくば》大学を中心に協力プロジェクトが十年以上前から行われているが、思わしい効果は上がっていないらしい。したがって、「〝セラード（セルタンゥの荒れ地をこう呼ぶ）〟をどうするか」というのが、もっかブラジルの環境問題における最優先課題となっている。アマゾンではない。

日本では報道が偏っているので、いつもいつもアマゾン、アマゾンとしか言わないけれど、ブラジル政府が国内の環境問題に対して打っている手として、これ以上セラードを広げないようにし、飢えにさらされた人たちを助けるために、セルタンゥの人々をアマゾンの開拓民として送り込むというようなことも行っている。それが一方の現実であることを理解する必要がある。実際、目の前のこの土地はひどすぎる……。

そんなことをぼんやりと考えながら、ひたすらバスに揺られる。

もちろん、晴れているので、日が上るにつれ、だんだん気温が高くなっていく。バスの車内は相変わらず静か――というよりだらけた雰囲気だが、一つ驚くのは、例のニヤケた女たらし風の男が清純風娘をえんえんと口説き続けていることである。女のほうは面倒くさがって、隙あれば雑誌を取り出したり、眠そうな素振りを見せるが、ニヤケ男はいっこうにひるまない。えんえんと話しかけ続けている。

あんなにやってもしつこいと思われるだけだろうと眺めていたが、セラードの風景が少しずつ変わり緑が増えていくにしたがって、清純娘の態度が変化してきていることに気づいた。まなざしが明らかにそれまでとちがい、柔らかい笑みがこぼれる。ニヤケ男も敏感に察知したらしく、接近をつよめ、手をさかんに伸ばしてはちょっかいを出す。

しかし、ここになって、急にライバルが登場する。先ほどまで寝ていた別の若い男が参入してきたのだ。グリーンの透き通るような瞳《ひとみ》にジュリアーノ・ジェンマ風の顔立ち（きっとイタリア系なのだろう）をした実に爽《さわ》やかな美青年で、ニヤケ男と好対照である。私も、彼とは、前のサービスエリアで話をした。私がライターだと言うと、「オレのイトコもジャーナリストで、ベルリンの壁が崩壊したときにルポを書いてブラジルで発表したんだ」と言っていた。実に生き生きとした表情でしゃべり、好感がもてる。

清純風娘も、イトコがベルリンの壁をルポしたこの男のグリーンの瞳と巧みな話術に、あっという間に心を奪われた様子で、ニヤケ男に顔を向けなくなる。ニヤケ男はひじょうに険しい表情になり、必死で女の注意を引こうとする。

すると、そこへ今度は、私の横に座っていた、美人でもなくスタイルもよくないが、やたらケバい化粧に若いピチピチした子が着るような小さいツーピースを身につけた年増《としま》の女が、イトコベルリンの壁男を食いいるように見つめ出し、やがて強引に会話に割り込んだかと思うと、ベルリンの壁男の横にちゃっかり陣取ってしまう。ブラジルでは、こういう、年がいもなくやたら派手で男好きの年増が多い。腹と太股《ふともも》の肉をたぷんたぷん震わせながら、大笑いする。

風景は、いつしか、ヤシのまばらな林に草原あるいは森林という熱帯雨林気候のものになり、家屋も、レンガに白い漆喰《しっくい》の壁にだいだい色の古びた瓦《かわら》というコロニアル風の家に混じって、アフリカそっくりの土壁草ぶき屋根の家が現れている。そういう簡素な家々が草っ原の中に、あるときは少しずつポツンポツンと離れて、またあるときは寄り添うようにひっそりと立ち、きつい緑のオレンジの木と風になびくヤシの葉の影に囲まれているのを見ると、ほんとうにコンゴあたりを旅しているのではないかという錯覚に陥る。自然環境が似ると、こんなにも生活形態が一緒になってしまうのだろうか。もうアマゾンはすぐそこまで来ている。

午後も二時をすぎると、熱帯の高揚した雰囲気を楽しむところから、うだるような暑さをひたすら耐えるという段階に移行する。

変わらない風景、身体中から吹き続ける汗、暑く乾いた砂埃《すなぼこり》、ぼおーっとした私の前で、出来の悪いラブコメがのろのろと進行する。私の期待とは裏腹に、年増女のおかげでニヤケ男が再び清純娘を取り戻し、もう隣にぴったりとすわり肩に手をまわしている……。

夕暮れは素晴らしかった。草原のヤシの林の真上を巨大な太陽がゆっくりと降りてくる。これほど色が濃く、これほど大きい太陽は、どこでも見たことがない。

暗くなってから、少し大きいターミナルに止まる。ここで、かなり乗客が降りる。私たちは、いつものようにスッコ（フルーツジュース）を飲みながら、「あとちょっとだ」と話し合う。

ローカルなノリはますます高まり、タバコ売りや靴磨きの子供たちが争って私たちの周りに集まっては大騒ぎする。少し遠くからTシャツ風の学校制服を着た女子高生らしい女の子が二人こちらをちらちら見ては笑っている。

　そのうち、靴磨きの悪ガキ連中が伝令としてやってきて、女の子たちが私を呼んでいると言う。見ると、片方がくすくす笑いながら、「早く行きなさいよ」という感じでこっちにもう一人の女の子を押しやろうとしている。こういう女の子の仕草っていうのは、どこの国でも変わらない。

　私が手招きすると、恥ずかしそうにおずおずとやってきて隣にすわった。かわいい。ブラジルでいうところのいわゆる〝モレーナ（褐色の娘）〟である。少し黒人系の血が入っているのでスタイルが抜群に良く、顔は目がくりくりとした愛らしいラテン系で、ウェーブのかかった黒い豊かな髪をしている。あらゆる民族からなるブラジルらしい美人だ。

　名前をきくと、下を向いて消え入りそうな声で「アドレアーナ」と答えた。それから私のことをきく。

「ジャポネス（日本人）？」

「シン（うん）」

「カザード（結婚してるの）？」

「ノォーン（いやいや）」

「いくつなの？」

「二十四歳だよ」

「若いのね」

「きみは、いくつなの？」

「ドージ（十二）」

旅の途中で、かわいい子に見初められたと思っていい気になっていた私はひっくりこけた。まだ子供じゃないか。てっきり十七〜十八歳くらいかと思っていた。

全くこっちの人間は成長が早い。十歳を過ぎると、胸もふくらんで、大人と変わらない体型になる。さらに母親が、自分もそうなので娘にもやたら大胆な格好をさせたり化粧をさせる。でも、後から思えば、十七〜十八歳にもなってこんなに男の前でシャイなブラジル娘がいるわけないのだ。

十二歳の彼女に見送られ、バスは最後のアプローチを開始する。途中、また、全員降ろされてイエローカードのチェックとバス車内の消毒があったほかは、何事もなく、夜は過ぎる。

うっすらと夜が白み出したころ目を覚ます。やがて、昨夜見た夕日そっくりの、赤くて巨大な朝の太陽が静かに昇り始めていた。下のほうは、白い靄《もや》に包まれてにじんだようにみえる。その中をバスはベレンのターミナルに静かにすべりこんだ。

サルバドールから三十四時間、ブラジルに入国してから十一日目、ようやく、われわれは今回の旅のスタート地点、アマゾン河口の街ベレン（現地ではベレーンという）にやってきたのであった。

第一章

旅は市場で始まった

Belém

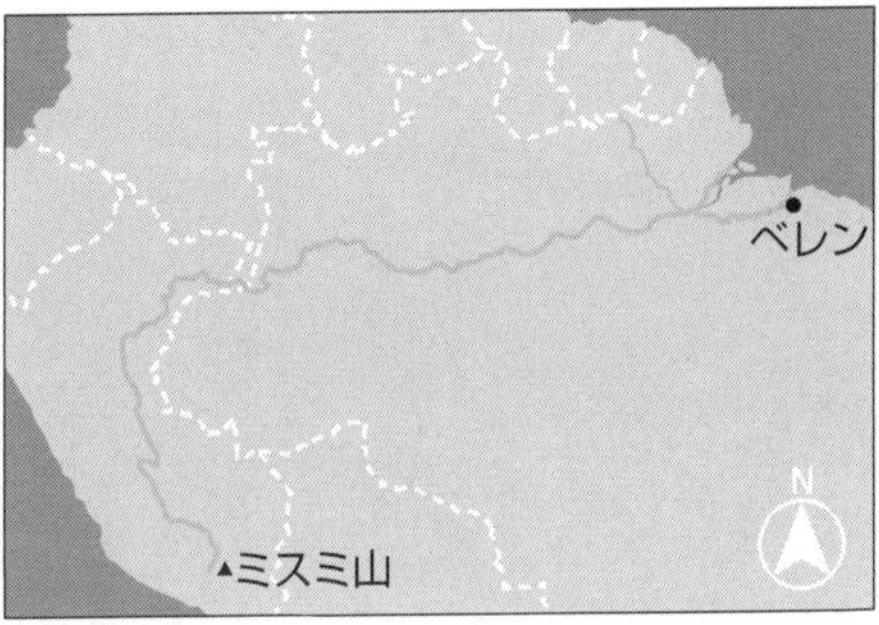

アマゾン河と会う

全く初めての土地に、それも旅の出発地点に、ここに暮らしている人々も大部分がまだ目覚めやらぬ早朝に到着したということは、それだけで十分しあわせなことである。

何もかもが新しい。

ましてや、(私たちに叩《たた》き起こされたレセプションの男に不機嫌な顔をされたとはいえ)アマゾン流域でも指折りの市場ベロペーゾの真ん前のホテルに首尾よく宿を獲得することができたとなれば、なおさらである。

腹が減っているので、市場の屋台街へ行く。まだ早いので食事はあまり作ってないが、市場で働く男たちは、コーヒーや、得体の知れないカユみたいなものをすすっている。

丸い椀《わん》に盛られたその食物は、色といいドロドロした形状といい一見お汁粉そっくりだが、味はやたらしょっぱく何とも言えないマズさだ。顔をしかめていると店のおばちゃんは「こうすりゃおいしくなるよ」といった感じで、砂糖をドボンと入れる。また、一口含むが異様に甘辛く、もはや人間の食うものとは思えない。こんなに口に合わない現地食と

ベロペーゾ市場

いうのも珍しい。

後でわかったことだが、これはアサイというヤシの実をつぶして作る、ベレン近辺の名物のひとつであった。街のそこかしこに赤い看板が建物の軒先に出されているが、これはバスの停留所かアサイ屋のどちらかを示している。しかたなく、いつものカフェ・コン・レイチ（カフェオレ）となる。

露店を抜けると、そこにアマゾン河があった。どんよりと茶色く濁り、遠くの対岸は森に覆われている。「対岸」とはいっても、無数にある川中島（最大のものはマラジョ島で大きさは九州よりやや小さいくらい）のひとつであり、ほんとうの「対岸」など一体どこにあるのか見当もつかない。

「どっちが海なのかな」と、カメラマンの鈴木さんがきく。のんきなものである。

「どっちですかね」。私もベレンの地理的位置がよくわかっていない。

河面は海のように波立っているが、流れは遅く、どちらに向かっているのか、とっさにはわからない。二人して河の流れをじっと見つめる。

「あっちですよ、きっと」。私は右手を指さした。

「そうだな、じゃあ、あっちが上流なんだ」。鈴木さんは、長身をさらに伸ばして、左手の遠方、つまり西を見やる。そう、私たちはここからあっちのほうへずーっと行くのだ。ペルー領まで、源流まで。

たいへんな話だな、と人ごとのように思った。

こうして始まったベレンの毎日だが、それは文字通り市場に始まり市場に終わる日々であった。

少々つらいのだが、気合いを入れて朝は早く起きて市場に行く。そして、いつもそれだけのことはあった。いつも人でメチャクチャごった返すこの市場も、落ち着いて眺めてみればそんなに大きくない。

アマゾンのことを何でもかんでも誇大に伝えればいいと思っているTVや本では、「アマゾン産品の大集散地」と紹介されるが、築地《つきじ》の市場みたいなものを想像すると的外れで、もっとローカルな雰囲気である。

アマゾンといえばまず誰でも最初に思い浮かべるのが「魚」であるが、意外に種類は少ない。主なものが十数種類ほど、そのほかマイナーな魚たちはもちろんまだあるが、大西洋の魚全部より種類が多いといわれているアマゾン中の魚がここに集結しているようにはとても見えない。アマゾンで最も重要な輸出品目のひとつである木材は、このような生鮮市場には水揚げされない。野菜にしても果物にしても、ここの人たちの台所用といった感じである。

しかし、それでいてこの市場の何と豊かなことか。あるいは普段は全く使うことのない

「豊饒《ほうじょう》」という言葉がもっとぴったりしているかもしれない。思うに、豊かさとは単に量とか質とか規模の問題ではない。

それは例えば魚市場でいうなら、肥えたマグロ似の魚を台の上にこれでもかと山盛りに積み上げることであり、ピンク色の川エビをカゴにあふれてこぼれ落ちるくらいに入れないと気が済まないことである。

あるいは百数十キロはあろう巨大ナマズを、二人がかり気合いで頭上にかつぎあげ早足で運ぶ男たちのはちきれそうな筋肉や、運ばれる大ナマズの駕籠《かご》に乗った大名のような尊大な顔つき、鉱石でも掘り出すように氷漬けのツクナレ（アマゾンで最もポピュラーな魚のひとつ）を船倉からザックザックと外にシャベルですくい出す漁師の何とも無造作な感じ。

シマウマのような模様をしたナマズ、スルビンの尻尾《しっぽ》をもって棒でピシピシ叩くおやじは、「安いよ、安いよ！」と大声でわめき散らしているくせに、ちっとも緊迫感がなく「売れなきゃ売れないでもいいさ」という大らかさに満ちている。それはこの上半身裸のおやじのこんがり日に焼けた太鼓腹を見ればよくわかる。

このぱんぱんの太鼓腹こそブラジル・アマゾンの象徴であると、新参の旅行者はこれから知ることになろう。その腹の意味はこうだ。

「おれたちゃ何にも困ったことなんかないんだ。そんなにあくせくするこたぁない。おれたちゃ大物なんだ……」

他の場所に移ろう。野菜や果物は日本のものとだいたい似たりよったりだが、緑色や黄色をしていて丸こいピメンタ（強烈なトウガラシ、知らずにかじったりするとたいへんな思いをする）や、ごろごろと地面に放り出されている巨大なウリやスイカが目を引く。

また、珍しいものもそろっている。幅三〇センチ長さ一メートルもあり、うろこのある魚としては世界最大の淡水魚ピラルクの「干物」。これでいったい飯が何杯食えるのだろうと思わず考えてしまう。

精力剤になると信じられているピンクイルカの性器のビン詰め、生きた毒蛇、ナマケモノの爪、ジャガーの牙《きば》、ワニの歯、バクのヒヅメ、コンドルの嘴《くちばし》、各種の薬草、石、粉、その他ありとあらゆる怪しげなものを所狭しと並べる信仰・呪《のろ》い・民間医療の専門店。

インディオ伝来のマラジョ島の素焼きの壺が置いてあると思えば、小鳥やウサギに混じって、まるで絵画で見る小悪魔そっくりの不気味な黒いサルや、日によっては本物のナマケモノまで売られていたりする。

ナマケモノはいつも二匹おり、つがいらしいが、持ち主のおやじにくるくる抱きついてたいへんかわいい。私もこの有名な国際保護動物を抱かせてもらったが、何か、ふさふさとした毛とゴムのような筋肉でできた軟体動物のようだった。二七〇度の角度で回るという首をくるりくるり動かしては、まん丸い目で、自分がわけもわからずしがみついている人の顔をじっとのぞきこむ仕草は何とも言えず愛くるしい。

この動物の写真を撮りたいと言ったら、おやじは二匹を重ねてテーブルの上に置いた。するとナマケモノ夫婦はそろってくたーっとへたりこんでしまい、うつぶせに大の字になったまま、まったく動けない。実に珍獣というしかない。しかし、こんなもの誰が買うのか。

　さて、あとは衣料品の屋台で、どうということはない。さんざん人込みの中を歩き回ったので、たいていこの頃は腹が減っている。日も高く、汗だくである。屋台で飯を食らう。ここの屋台街はやたら大きく、市場付属の飯屋なんかではなく、市場のメインといってもいいくらいだ。

　適当な店に腰を下ろし、ひたすら食べる。魚のフライ、肉、豆、スパゲッティなどを自分で適当に選んでよそってもらうので、つい量が多くなり、ちょっとばかりビールでもいこうかと、「ウマ　セルヴェージャ（ビール一本）！」と一声かければ、店のでっぷりふとったおばさんは、ギンギンに冷えてビンの外側に氷がへばりついているようなやつを取り出すなりシュパッと栓を開けてくれる。ラベルには二匹のペンギンが向かい合った絵が描いてある。〝ANTARCTICA《アンタルクティカ》（南極）〟という名前のビールで、ブラジルでは最もメジャーなものだが、このアマゾンで飲む南極ビールがうまくて、すぐ一本が二本になり、食事の終わる頃には食いすぎ飲みすぎで二人して顔を赤らめ「眠い」とか言い出す。ここに来るといつもこうなる。

ナマケモノの夫婦

市場の小舟用の船着き場

これでまだ十時くらいだから唖然《あぜん》とする。こうしてわれわれもベレンの豊かさの恩恵にあずかっているわけである。

船を探す

「船でサンタレンやマナウスへ行きたいんだけど」と言うと、まずほとんどの人が「EN《エ》AZA《ナザ》へ行け」としか言わない。

ENAZAとは公営のアマゾン河の船会社で、どのガイドブックにも載っている大手だ。ENAZAの船着き場兼事務所は市場の隣だからすぐわかる。行って看板を見ると、サンタレンやマナウスのほかに、タパジョース川やトカンティンス川といった支流行きの船も出ているようだ。

近くをぶらぶらしていた男が寄ってきて、サンタレン経由マナウス行きは毎週水曜日に出るという。ほかにサンタレンへ行く船はないのかときくと「十社以上ある」とのこと。そんなにあるのか。それなら、あせることはない。

この時点で、私は、まずどこへ行こうか明確に決めていたわけではない。マカパかサンタレンか、あるいは時間がもしあればサン・アントニオという滝があるジャリ川へ行くのも悪くはないかと思っていたくらいである。ついでだからと思い「ジャリ川へ行く船はないのか」と尋ねると、男は早口でべらべらとまくしたてる。もう、ブラジル入りして二週間もたつのに相変わらずポルトガル語がさっぱり聞き取れない。

　ポルトガル語というのは抑揚が激しく、歌を歌っているように聞こえる。自分でうまく発音できると——何しろ普通に喋《しゃべ》るだけで歌を歌っているようなので——すごく気持ちがいい。私も今までいろんな言葉をかじってきたが、話していてこんなに快感の得られる言語はアフリカのリンガラ語とポルトガル語くらいである。

　そのかわりヒヤリングはいたって難しく、ほんとうに簡単なこと、例えば一桁《ひとけた》の数字すらも人によっては何を言ってるのかわからなかったりする。まあ日本でちょっとばかり習っただけなので無理もないが。不思議なことに、傾向として若い女の子の言うことは比較的よくわかり、この男のように煮ても焼いても食えないようなオヤジの発する音は耳を素通りすることが多い。

　ポカーンと口を開けていると、こいつには何を言っても無駄だと悟ったらしく、紙にジャリ行きの船を出している会社の名を書いてくれる。さらに、その会社があるベルナルド・サイオンという通りに行くバスの名前と番号を教えてくれたばかりか、ご丁寧なことにENAZAの真ん前にあるバス停までわれわれを連れていくのだった。こうなると、もう、今そこへ行くしかない。

　バスに乗り、ベルナルド・サイオンで降りるが、実はこの通り、川岸沿いに何キロにもわたって続いており、いったいどこに何があるのかわからない。しばらく行くと、材木工場や船着き場が次々と現れた。

ゴミだらけのどぶ川に立つ飲み屋や飯屋、肉の叩き売り、いかがわしい宿屋が軒を連ね、短パン一丁に黒く日焼けして腹が出た船乗りや荷揚げ人夫が、バクチとおぼしき卓上のゲームを囲んだり、道端の塀に寄っかかってくだを巻き、バスや大型トラックが真っ黒い煙と砂ぼこりを巻き上げて走る中、馬がカツカツ、焼けたアスファルトにひづめの音を響かせて荷を引いていく。絵に描いたような港町の場末風景である。

人に尋ねながら、そして、いつものごとく、いいかげんな指示に翻弄《ほんろう》されながら、ようやく教えられたENALという会社を見つける。釘《くぎ》が一つはずれて斜めに傾いた看板には、確かに〝MACAPA／JARI〟と読める。が、中へ入ってきくと、今はマカパ行きしかやっていないという。マカパというのはジャリの手前にある町で、「ポロロッカ」を見るにはいいところであった。

ポロロッカとは、地元インディオの言葉で「家屋を壊すもの」の意味で、テレビやマンガなどでさかんに〝アマゾンの大自然最大の驚異〟と紹介され、かなり有名になった、満潮時の海から河への水の逆流のことである。一部では、まるでアマゾン河中でこの現象が見られるかのように思われているが、これは河口に近くしかも比較的狭い川筋でないとはっきりと見ることはできない。

かくいう私もかなり無知で、できたらマカパあたりで、これを見たいなどと思っていたのだが、ベレンの郊外でワニの養殖を行っている日本人に聞いたところでは、ポロロッカは二〜四月の満潮時こそ押し寄せる波が高さ数メートルにも達するが、ほかの時期には小規模でとてもわざわざ見に行くほどのものではないという話であった。

それで残念ながら、「家をも壊す」という高波を見ることは断念し、したがってマカパでは何もすることがなく、船を乗り換えなければならないぶんだけ面倒くさい。ウーンと唸《うな》って考えていると、もう一つ違う会社を教えてくれた。今歩いてきた道をぐーっと引き返す。

目が慣れてくると、この道沿いには実にたくさんの船会社の名前が、看板や門扉、あるいは古いレンガの塀に見える。どれも一般旅行者が来るようなところではなさそうだが、荷物を運ぶついでに人を乗せたりもするらしい。

ポルト・ド・コメルシアルというその船着き場も、そういう小さな会社が集まっている一角にあった。

入っていくと、通りすがりの若くて太っていて〝気のいい水夫〟という感じの男が事務所に案内してくれる。ジャリ直行便が毎週金曜日に出ているらしい。今日が金曜だ。太った若者が、「船を見たのか」ときくので、見てないと答えると「なんだ、じゃあ見にいかなくっちゃ」と、ずんずん引っ張る。すぐそこに船があった。彼は他の働いている連中に

「ジャリへ行く人たちだ」と言い触らしながら、船に乗る。こっちも続く。

船は小さいが小ざっぱりとしていて、なかなか感じがいい。まだ、塗り直したばかりのオレンジ色のペンキが午後の日差しを浴びて、ぴかぴか光っている。夕方の出発だが、早くも二人、若い女と年とった女がハンモックを吊《つ》って寝ている。

陽気な若者はまた大声で言う。「あんたら、ここら辺にハンモック吊るといいぞ」。ハンモックの場所まで指定された日にはもう、この船に乗らないわけにはいかない。ジャリへ行くか。

ただ、さすがに、今、出発するわけにもいかないので、――これはこの親切な若者をいたく落胆させた――来週この船に乗ることにした。

こうしてわれわれは、ちょっと親切すぎる人々のおかげで、ツーリストには存在すら知られていない、ジャリなどというところへ行くはめになったのだった。

出発の準備

ベレンを出る前日、出発の準備をした。

旅には、本質的に必要なものなど、何もない。よく、わけ知り顔の旅行の本やガイドブックにはこういうものを持っていかなければならないとか、こういう格好をすべきだとか、まるで、そうしなければ大変なことになってしまうかのように書いているが、はっきり言って余計なお世話である。私とあなたはちがう人間であり、必要としているものもちがうのである。

前に、私はインドで、三十冊もの文庫本をしょって旅行している日本人に会ったことがあるし、コロンビアでは、バンドで使うドラムセットを一式丸ごとリヤカーに乗せて運んでいるジャズ・ミュージシャンとも一緒に旅をしたこともある。かと思えば、ほとんど何も持たずに汚い格好をしていかに貧乏であるかを競いあっているような連中もいる。

みな、ばかげているようだが、彼らには、それが飯を食うことと同じくらい大事なことなのかもしれない。

人それぞれ、勝手にしやがれ、だ。

最低、確保すべきものは、着るもの寝るところ食うものである。

ときには、その土地で特別に必要なものがあったりする。そういうものは、現地に行ってから人にきいて、地元の安くてよいものを買えばいい。その土地で必要なものは、その土地がいちばんよくわかっているのだ。

例えば、ベレンの私たちの場合、それはハンモックであり、ハンモック用の蚊帳《かや》であった。

元来、ハンモックというのは、日本人のイメージにあるように網でできたものだが、今どき、このタイプを使用しているのは、純粋のインディオを除けば、船乗りか兵隊くらいであろう。軽くて持ち運びには便利だが、寝心地は悪い。仮眠用だ。

普通、アマゾンでハンモックといえば綿布製のものだ。これを毎日のベッドとしている人も多く、ラテン・アメリカ特産の情熱的な夫婦や恋人が愛し合うのにも楽々耐えられるほど丈夫である（特に望むなら二人用のダブル・ハンモックもある）。ベレンでは市場のそばにハンモック屋がいくつもある。両脇にレースのひらひらがついた高級品もあったが、われわれには女王様がいない。いちばん安いので十分だ。

蚊帳も同じ店で買える。船に乗っているときは要らないが（一晩中走っているので蚊が来ないのだ）、途中で民家に泊めてもらうことになったり、森の中や、町から離れたところにいくときには、「絶対必要」となる。誇張ではなく、地獄の苦しみを味わう可能性がある。また、妥協せずに網の目の細かいものを探したほうがいい（私たちはこれで失敗した）。それから、ハンモックを吊すための縄を忘れないように。まあ、忘れていても店員が買わせるだろうが。

寝ることについてもう一つ重要なのは、熱帯というのはアマゾンに限らず、昼はいくら暑くても、夜中から明け方にかけて急激に冷え込むことが多い、ということだ。とりわけ、風が常に強く吹きつける船上ではきついだろうと思い、寝袋を用意していたが、これは正解だった。何もなければ毛布を買ったほうがいい。

さて、そのほかにここで用意したのは、私たちが、必要だろう、あるいはあればいいかなと思ったものである。

まず、犬の鎖と鍵《かぎ》。われわれは普通の旅行者にあるまじき大量のカメラ機材を携えており、また、船での治安もあまり良くないと聞いていたので、それらで荷物を柱かなんかに縛りつけようと考えたわけだ。

水とトイレット・ペーパー。ないと悲惨になる極め付きのもの二つ、念のため。

蚊取り線香二箱。周知の如《ごと》く、世界でも圧倒的に優れた蚊取り線香は日本のキンチョウ製のものである。中国製（世界市場第一位）やブラジル製では蚊は落ちない。落ちないが、どうもヤル気をそがれるらしく、あまり刺さなくなるから不思議だ。お世話になった汎《はん》アマゾニア日伯《にっぱく》（日本ブラジル）協会のすぐ横にある、日本にもないような巨大なスーパーで売っていた。

最後にミュージック・テープ一本。単に趣味である。せっかくウォークマンがあるのだから、何か音楽を聞こうと思ったのだ。疲れたときに元気が出るボブ・マーリーを探すが、CDばかりでカセットがない。（ある店の店員は、何を勘違いしたのかランバダを山ほど持ってきた。顔で判断されたか）。それでアマゾンでも若者たちに絶大な人気を誇るジョン・レノンにした。

ベレン最後の夜

ベレンの夜の過ごし方は、二通りある。どちらも捨てがたい。
一つは、市場の隣にあるビヤガーデン「博多」に行くことだ。これは日本人の経営する店だが、くだけたノリで、現地の雑多な雰囲気に満ちている。

夜になるとハメをはずしたくなる軍隊やポリスのお偉いさん、不良少年、ただの酔っぱらい、娼婦《しょうふ》、仕事帰りのおやじ、とろけちまいそうに仲のいい恋人たちが、ビールやピンガ（ブラジルの代表的なサトウキビ焼酎《しょうちゅう》）をひっかけ、あるときはソックリさんのプレスリーが歌うロックンロールに腰をふり、照り焼きステーキをつつき、抱き合っては愛を確かめ合い、もよおしては店の外に出て立ちションをする。

一度など、私の横のテーブルで何やらドンシャカ始まったので振り返れば、七〜八人もの黒人系の男たちが太鼓やマラカスを伴奏に歌をうたっていた。サンバにも似ていたが、ひとりの頭の白いじいさんがリードをとり他の者がそれに続くといういわゆるコール・アンド・レスポンスのスタイルといい、節回しの素朴な感じといい、アフリカの村で聞く音楽にそっくりであった。彼らは、まるで私たちが世間話でもするようにさりげなく太鼓を叩き、歌をうたい、ビールを飲み終えると静かに帰っていった。これがただの客だというのだからベレンも奥が深い。

また、ここのもう一つの名物は、人呼んで「アマゾンの放浪画家」宮崎景行氏で、ある人（本人も含めて）は彼を天才と呼び、またある人は〝気ちがい〟と言うが、店の壁に掛かったゴッホもかすみそうな強烈な色彩と異様なタッチの絵を見て、「近いうちにロックフェラーとフランク・シナトラにコネをつける予定だ」という本人の話を聞くと、確かにどっちとも取れる。

何でも、昔は船乗りで、アマゾンに来てからは、牧場の用心棒になり、プロの牛泥棒と撃ち合いをしながら絵を描き始めたという。二丁拳銃《けんじゅう》で早撃ちの名人とのことだが、ある家に呼ばれ頼まれてその技を披露したところ、あまりの遅さにみんなが驚いたという話もある。

ここには夜が更けると必ず現れ、しかし酒は全く飲まず、ベレー帽をかぶり白の上下といういでたちで、バンドの指揮を務める。バンドといっても、ロックなので指揮者が必要なはずがなく、ミュージシャンたちはどうも困惑しているようだが、「おれが出ないと客が満足しないんだよね」と言っては、前で音楽に合わせてタクトを振り、曲が終わるごとに観客の拍手に一人で応えている。わけがわからない。かと思えば、十二時を過ぎ、店を閉める段になると、皿をかたづけたり、ゴミを拾ったり、せっせと働いている。

これだけ自由奔放な人はめったにいない。今度、来る機会があったら、ぜひ宮崎さんの絵を一枚買いたいものだ。十年もしたら、有名な画家になっているかもしれない。

さて、このベレン最後の夜は、もう一つのスポットである市場の屋台で過ごす。これまたベレン名物の一つ、カランゲージョというカニをつつく。うまい。安い。

その昔、あのキューバのカストロも、亡命中、ベレンに滞在していたことがあり、ここの屋台でこのカニをつつきながら革命の構想を練っていた、とまことしやかに伝える人もいるが、真偽のほどは定かではない（確かに、カストロの親戚《しんせき》はベレンに住んでいるらしいが）。

いつもは、わりと落ち着いた雰囲気なのだが、その晩は、ちょっとしたハプニングがあった。

飯を食っていたら、急に首筋に冷たいものが落ちて、私は思わず首をすくめた。濡《ぬ》れたビールのキャップだった。振り向くと、前に飲んだことのあるほかの屋台の女の子（確かカテリーナとかいった）が、笑いながら通りすぎていった。あいつのイタズラか。今度、戻ってきたら、カニの足の一本でもやろうと思って待っていると、突然、人の群れができ、騒ぎが起こる。続いて、何かがガシャーンと割れる音がして、人がワーッと散る。ケンカのようだ。

見ると、さっきのカテリーナが、割ったビール瓶を手に、彼女と同じ年、つまり十六〜十七歳くらいのもうひとりの女の子に、襲いかかろうとしていた。相手の子は、私のほうに逃げてきて、近くにあったベンチをつかんで高々と差し上げ、反撃の構えを見せる。二人は激しく罵《ののし》りながら威嚇し合う。

私は、ちょうど二人の間にいたので、中に割って入ろうとしたとき、ようやくカテリーナの友達らしい別の少女が、もういいだろうというふうに促し、またポリスもやってきて、乱闘騒ぎは終わった。

野次馬は引き上げ、飲み屋街はすぐ元の雰囲気に戻ったが、私の酔いは醒《さ》めた。ただの店番の女の子同士のケンカがどうしてこんなに危険なのか。押さえようと思えば簡単に押さえられたのに、どうして誰も止めようとしなかったのか。

ちなみに、それ以降もブラジル・アマゾンで何度かケンカにお目にかかったが、いずれもかなり物騒であった。スーパーの店内で口論していた男がいきなり拳銃を取り出し、店中がパニックに陥ったこともあったし、昼間からバーで飲んでいた女と男がケンカを始め、男に殴られそうになった女のほうが出刃包丁を持ち出して、応戦していたこともあった(次の日、このバーに行くと、二人そろって仕事をしていたので驚いた。なんと店の主人夫婦だったのだ)。そして、本人たちが戦意をなくすまで、誰も止めに入らないのが普通である。

ベレンをはじめとするアマゾンの豊かさ、大らかさは、いくぶんか人々の誇りの高さからきているのだということに私たちはだんだん気づいていった。

外国人の旅行者にものをねだったり、ボったりしようとしない。商売はうまくない。細かいことは気にしない。たとえ貧しくとも堂々としている。そのかわり、自分のプライドが傷つけられたときには黙っていない。ましてや、ここの人は、ほとんどが開拓民かその子孫である。自分の身は自分で守る、そして、他人のことには干渉しないという考え方が徹底している。

帰り際、例のカテリーナが自分の屋台の奥で、ひとりぽつんと立ちすくみ、唇をじっとかみしめているのを見た。かわいそうだったが、私がかける慰めの言葉などない。誇りの高さは、孤独の深さだ、カテリーナ。

「チャオ。アテ・アマーニャ（じゃあね。また明日）」とただ手を振った。明日はもう会えないが。

第二章　出航

Belém–Jari

出航

アマゾン河の船に初めて乗ることになる日の朝、目覚めると、私は強烈な下痢に襲われていた。ベレンに到着して以来の暴飲暴食がたたったようである。丸一日、何も食べないことにした。下痢の完全な療法は、絶食し水分だけを補給することだ。たまには断食もいい。

アマゾンでは、始発の船は、ふつう夕方に出る。理由は簡単で、日中いっぱいかかって荷物を船に積み込むからである。私たちが港に四時に着いたとき、先客は約一名。これ幸いと荷物を一ヵ所にまとめ、適当な場所にハンモックを吊《つる》す。乗っかると、体重で意外なくらい沈んで下につきそうになり、何度も縛り直す。

この港には、ほかにいくつも船があり、いずれもすでにたくさんの乗客が、そこいら中にハンモックを吊《つ》りまくり、船に特有の何やらどさくさした雰囲気なのだが、こちらの船は、いつまでたっても、閑古鳥が鳴いている。

やがて、すっかり日が暮れ、船は次々と暗い流れの向こうに消えていく。われらの船も、

アマゾンの夕陽

もう新しい乗客は乗って来ない。私らを含めて、何とたった八人である。普通の旅行者が乗るサンタレン——マナウス行きのENAZA《エナザ》の船は一〇〇〇人乗りだというから、スタート早々《そうそう》、船旅の通常コースから思いっきりおちこぼれてしまったことが、よくわかる。治安が悪いから、というので、山と積んで鎖でぐるぐる巻きにした荷物が大マヌケである。人がいないのに、治安も何もない。

小さい港に、人影が絶えた頃、ようやく、船は動き出した。

恐怖のブランコ地獄

この日は、夕陽がとりわけきれいだったので、少しほっとしていた。

ベレンでは、夕方から夜にかけてスコールに襲われることが多く、そうすると、「河」が荒れる。それが何よりの心配だったが、どうも今日は大丈夫らしい。というのは、「夕陽が真っ赤なら、その後に雨が降らない」と、日本と同じことをベレンの人も言うからである。しかし、その予想はやや甘かった。

出航してしばらくは、河は穏やかで、夜風もやさしく涼しく、ハンモックに寝そべってゆらゆら揺れていると、気持ちのいいことこのうえない。それが小一時間もしないうちに、雨が降りだし、それとともに船は大揺れに揺れ始めた。

ハンモックに寝ていると、船ののたうつような動きはダイレクトには伝わってこないが、かわりにそれが振り子運動に収斂《しゅうれん》される。ハンモックは、左右に激しく揺れだし、隅っこに位置する私は、支柱の鉄骨に身体ごと何度も激突する。また、隣の鈴木さんのハンモックと揺れの波長が合わないときは、これまた二人で思いっきり激突する。

鈴木さんは身を乗り出し、「おまえ、わざとやってるだろう！」と本気で怒り出してわめくが、わめいている間に次のサイクルで再び私がわーっと叫びながらドーンと体当たりしてくるので、わざとなんかでないことがすぐにわかる。

もっとも、お互いにぶつかるから、エネルギーが相殺されるのであり、これがうっかり波長が合ってしまったりするともっと悲惨で、二人仲良く天井に届きそうなくらいにブオンブオンと揺れまくり、いい大人がブランコで遊んでいるようで、滑稽《こっけい》というしかない。

船に慣れているだろう現地の乗客もみなハンモックから出した手足を床や壁につっぱって、このブランコ地獄に耐えるのに精一杯のようである。

三十分もすると、私はすっかり気持ち悪くなり、よろめきながら便所に転がり込んでゲーゲー吐くが、何しろ今日は断食しているので、胃液しかでない。それでも、かなり楽になり、あとはひたすらハンモックにしがみついて耐える。もし、これが一晩中続いたりしたら悪夢だったところだが、幸いにも一時間ほどで揺れは収まり、いつの間にか寝込んでいた。

ひねもすのたり船の旅

夜中から朝方の冷え込みはきつかった。寝袋をかけてちょうどいいくらいだ。疲れていたせいかぐっすり眠れた。

目が覚めると、船の真後ろから朝日が昇ろうとしていた。空がオレンジ色に染まるにつれ、河は深い淵《ふち》か湖のように青緑がかる。

一階に降りて、数少ない乗客が仲良くテーブルを囲み、ブラジルお決まりの朝食、ミルクと砂糖たっぷりのカフェ・コン・レイチにビスケットをかじる。すぐ脇では、コックらしき男が、鳥肉を包丁で手際よくさばいては、いらない部分をポイッ、ポイッと水の中に投げ込む。つくづく遠くまで来たものだと思う。

景色は、前日とたいして変わらない。木のびっしり生い茂った陸地がぱらぱらと遠くに見える以外は、すべて水。広い湖か海のように向こう岸が見えないところも多い。

この河の河口は、地図上では、細かい網の目のような水路がびっしり張り巡らされているようになっているらしいので、ここもまたそのような水路の一つなのだろう。しかし、そこいら中に水平線が見える「細かい網の目状の水路」とはいったい何だろう。いつまでたっても、河にいるという実感が湧《わ》かないのである。

することがないので、また、一眠りすると、景色はすっかりジャングルになっていた。幅二〇〇〜三〇〇メートルの細い水路で、両岸はヤシの木や湿地性の植物の多い森でびっしり埋めつくされ、なかば水につかっている。ほんとうに、イメージ通りの「ジャングル」というやつだ。

一方、こっちは快適そのもので、うまい飯を食って、ハンモックに寝そべって、それを眺めているのだからジャングル・クルーズの金持ち用観光船のようだ。

もっとも、船のエンジン音がひじょうにうるさく隣の人間とも話ができないくらいだから、森のざわめきはもちろん鳥の声なども一切聞こえない。絵だけが淡々と流れていくので、まるで、アマゾンを撮ったサイレント映画をえんえんと見ているような非リアルな雰囲気である。聞こえるのは、巨大な映写機の音だけなのだ。

西日が射し始めると、かなり暑くなり、日陰を求めてうろうろしたりもするが、それ以外は飯もうまく、何も不快なことはなく、寝そべってレヴィ＝ストロースの『悲しき熱帯』をのんびり読んでいるという贅沢《ぜいたく》さである。

レヴィ＝ストロースは、フランスの人類学者で現代思想に巨大な影響を与えた人物だ。この本は、彼が一九三〇年代に行ったアマゾンを含めたブラジル奥地での探検調査を、一九五〇年代に回想して書いたものだが、全くそのような古さを感じさせない。「私は旅や探険家が嫌いだ」という有名な出だしで始まるこの本は、それでいて立派な旅の本である。

これを読んでいると、つくづく旅というのは、何もその人が行った場所の時間的連続性だけではなく、その土地の歴史とその旅行者自身の歴史が縦横無尽に織りなしたものであるということがわかる。「ブラジルへ行った」とか「アマゾンへ行った」なんていうのは、ほんとうはどうでもいいことなのだ。肝心なのは、いかにその土地を自分が通りすぎ、いかに自分の中をその土地が通りすぎていったかということだ。

次の日の朝も、急激な冷え込みで目を覚ますと、船は小さい港に泊まっていた。深夜に冷蔵庫の音が突然途絶えるときのように、エンジン音が消えて現実がよみがえっていた。乗客たちも、このときとばかりに喋《しゃべ》りだす。私の相手をしていたのは、ひとりのガリンペイロだった。ガリンペイロとはブラジルで、「金掘人《きんほりにん》」、あるいは「山師」を指す。

このフランシスコという男は、以前は、ガリンペイロ相手の行商をやっていたらしいが、そのうち自分も金掘をやるようになったという。金掘はそんなにいいのかときくと、「そうでもないが、当たればでかい」と、バクチや山師の世界での模範回答が返ってきた。ミイラ獲りがミイラになった模様である。

彼の話では、われわれが今向かっているジャリというのは、ガリンペイロの拠点らしい。町より上流には滝が十も二十もあり、そこをカヌーや歩きで越えていくと、ガリンポ（金の採掘所）がいくつもあるという。彼が行くガリンポは、町から片道二日かかり、滝を三つ越えたところにある。

　奥では、何を食っているのかときいたら、「カサだ。アンタ、タトゥー、それからマカコ、オンサだ」というから、たまげる。

　アンタとはバクのこと、タトゥーはアルマジロ、マカコはサル、オンサはジャガーである。サルはともかく、他はいずれも乱獲で数が減少しており、なかなかお目にかかれないと聞いている。

　ところで、「カサ」というのだけ、辞書を引いても何だかわからない。もう一度きくと、

「それは動物ではない」という。

「魚か？」

「いや、魚でもない」

「じゃあ、絵を描いてくれ」

「いや、こみいりすぎて簡単に描けない」

　いったい、どんな生き物なのであろう、といぶかしんで、再び辞書で探せば、ちゃんと「カサ＝ハンティング」と出ていて、ひっくりこける。狩り、といっていたのだ。

　そんな私のばかげた質問に、ニコニコしながら丁寧に答えてくれるくらい、フランシスコという男は、山師のイメージからほど遠い、小柄でひじょうに穏やかかつ素朴な人物であった。私は、「おれたちを金を掘っているところへ一緒に連れてってくれ」と頼んだ。

ガリンペイロのところには危険がつきものである。一獲千金を狙《ねら》った流れ者の集まりなの

だ。その点、この男だったら、安心だろうと思ったのだ。

「ポージ（できるか）？」ときくと、「ポ〜ジ（できるさ）！」と相変わらずニコニコしながら答えた。この男、確かに善良だが、どうも、頼りがいはなさそうである。ブラジルは何しろ「安請け合い大国」である。ほんとうにガリンペイロのところへ行けたら、たいしたものなのだが。

日が暮れてから、それまでわれわれと没交渉だった船員たちが、私のハンモックの周りに集結し、猥談《わいだん》に花を咲かせる。「娼婦《しょうふ》」「あばずれ」「浮気」「一発やる」……など、ありとあらゆるスラングが登場し、それをいちいち私に懇切丁寧に教えてくれる。

やがて、いくつか光が見えてきたかと思うと、巨大な要塞《ようさい》みたいなものが、突然、闇《やみ》のジャングルの中から姿を現し、驚く。製紙工場であるという。ブラジルのかと訊《き》くと、「ブラジル人があんなものやれるわきゃない。日本の会社だ」と、乗客のヒゲおやじは太鼓腹を揺すって大笑いした。

これがそうか、と思った。ベレンで聞いた話があった。昔、この辺でアメリカ人が材木工場をやっていたが、後にこれは材木だけでなく、なかに金塊を隠して密輸していたことが発覚したという。その後、この会社は撤退し、代わりに日本人の企業家が全体がまるごと製紙工場になっている船を造り、長崎かどこかその辺から、はるばるこのジャリまで航海して、大プラントを建設した。この大胆なやり方は、現地のブラジル人を驚嘆させたようだが、それがこの超現実的な要塞なのだろう。

そして、その横をすり抜けて一時間ほど進んだところに、別な意味で非現実的な町、ジャリはあった。

第三章 奇妙な町の奇妙な住人

Jari

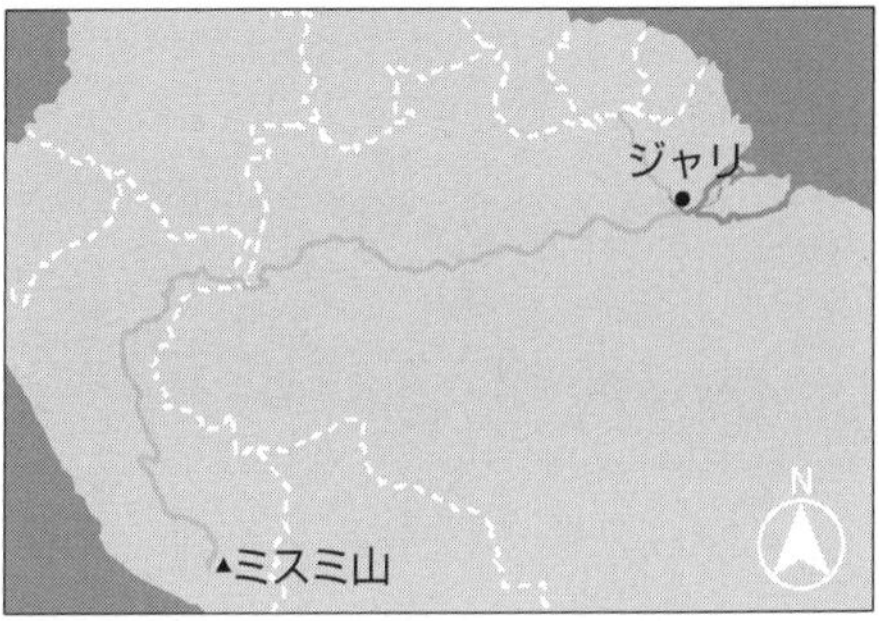

地に足がついてない町

ジャリという町に初めてやってきた旅行者は、その奇妙さに驚くと同時に、バカさ加減にあきれ果てる。「まったく、何なんだ、ここは!?」という感じだ。

ジャリは、一言で表現するなら、〝地に足がついてない町〟である。

まず、この町には、文字通り〝地面〟というものがない。最初に、船で到着したときには、全長四～五キロにわたって河辺に高床の家がびっしり並んでいるので、ずいぶん、大きな町だなと思うのだが、これは全くの見かけ倒しである。

どういうことかというと、誰も農業に適した内陸部の堅い土地に住んでおらず、みんながみんな、半分、水や泥に浸《つ》かった岸辺に高床の家を建てて暮らしているのである。この町の俗称〝ベラドン（川っ縁）〟もそこから来ている。結局、高床の家が密集して、巨大ウナギの寝床のような町になってしまったわけだ。町だから当然、道もあるが、それはやはり高床の渡り廊下だ。こうして、人々は、地面と完全に縁を切って暮らしているのである。

ジャリのメインストリート

町は、全て木製なので、一日中、ギシギシ、ゴトゴト音がしている。人が通るごとにぐらぐら揺れる。〝清潔〟でもある。土ボコリはたたないし、ゴミや汚れた物は無差別に「下」に投げ捨ててしまうからだ。「下」は、だから、あまり見たくないが、ブタとニワトリとゴミとその他ありとあらゆるおぞましいものの世界と化している。その上で、人々が、何食わぬ顔をして生活している。極端に退化した未来都市を思わせたりもする。

地に足がついてないのは、町に限らない。人もそうだ。

だいたい、ここは前にも言ったように、ガリンペイロ（金掘人《きんほりにん》）の拠点なのである。中心部にある「ガリンペイロの友」という名の金掘用機械の店や「金、買います」という看板と天秤《てんびん》を店先に掲げた金の仲買店はもちろん、一般の食料品店、食堂、宿屋もみな、ガリンペイロがお得意である。

ガリンペイロたちは、ここで食糧や物資を購入し、山の奥深くへ入って何週間も泥をほじくり返し、少しばかりの金が得られると、町に戻ってカネに換え、服を買い、酒を飲み、女を抱いて、あっという間に使い果たす。金があまり採れなかった奴《やつ》は、町で物資を補給し直し、また、山へ戻る。どっちにしても、潤うのは、ひたすらこの町ということになる。

ジャリにエサを与えるのは、ガリンペイロだけではない。途中で見た大きな製紙工場の従業員とその家族が対岸の集合住宅地に住んでいる。アマゾンでは比較的裕福だが外部と隔絶された彼らの生活と娯楽をもっぱら担当しているのも、この町なのだ。

これはおいしい役割だ。この「おいしさ」を求め、また人が集まり、交通に便利な川っ縁に家を建てる。ますます、町は長くなる。

何にしても、苦労しないでカネを得ようという連中ばかりなので、治安は悪い。手錠を掛けられ、連行される人間をよく見かける。殺人事件も少なからずあるらしい。

町は、日中こそ、どんよりと濁った空気が充満し何をする気も起きないが、夜になると息を吹き返し、私たちも誘われるように外へ出る。夜の歓楽も、ジャリ名物の一つだ。娼婦《しょうふ》の多さもさることながら、普通の若い女も相当にスレている。私たちのような日本人でしかも旅行者は、天然記念物的に珍しいので、夜遅く、飲み屋街をうろついていると、素人か玄人か見極めがつかない十代の若い娘たちにすぐ捕まる。まさに、アマゾンの超場末、アマゾンの歌舞伎町《かぶきちょう》である。

ただ、ここの娼婦は、他のところと違い、男とやたら寝たがったりせず――つまり商売熱心でなく、それより、踊ったり騒いだり、と自分が楽しむことを優先しているので、あっさりしていて感じがいい。

顔見知りになったある小柄な女の子は、私たちが町を去るとき、「想い出にネ」と、自分のノーカット・ヌードのポラロイド写真を私にくれた。一緒に寝たわけでもないのに、何が〝想い出〟なものかとあきれたが、これは確かに〝想い出〟になった。

これから約一ヵ月後、私たちはテフェという町で、ブラジル中を営業で飛び回っているという保険会社の男に会った。彼に、ジャリというところに行ったと話すと、「オー！」といかにもブラジル人というノリで大袈裟《おおげさ》に嘆息し、「あそこは、ブラジルで、いや世界で一番娼婦の多い町だよ！」と言いながら、アタッシェケースの書類をごそごそかき回し、一枚のポラロイド写真を取り出した。素っ裸の保険会社員が両脇にやはり素っ裸の女二人を抱え、ニンマリしていた。

ムムムッと思った私は、デイパックの中をかき回し、自分のポラロイド写真を取り出し、彼のものと二つ並べた。間違いない。彼の写真で右側に写っている女が私の〃想い出〃の女であった。スケベな保険会社員は「オー、エルマーノ（兄弟）！」と叫んで、握手の手を差し出した。

私は、頭を抱えた。勘違いするな、というポルトガル語を懸命に探したことを思い出す。そういう〃想い出〃になったのである。

南米一の大道芸人

ジャリの町に着いてから、船の中で会った金掘人フランシスコは、危惧《きぐ》していたとおり、いつの間にか姿をくらました。そのかわり、といっては何だが、別の、やたらおもしろい男に出会った。南米一の大道芸人サッソンである。

南米一の大道芸人
サッソンと仲間たち

サッソンの芸の
ほんの一部

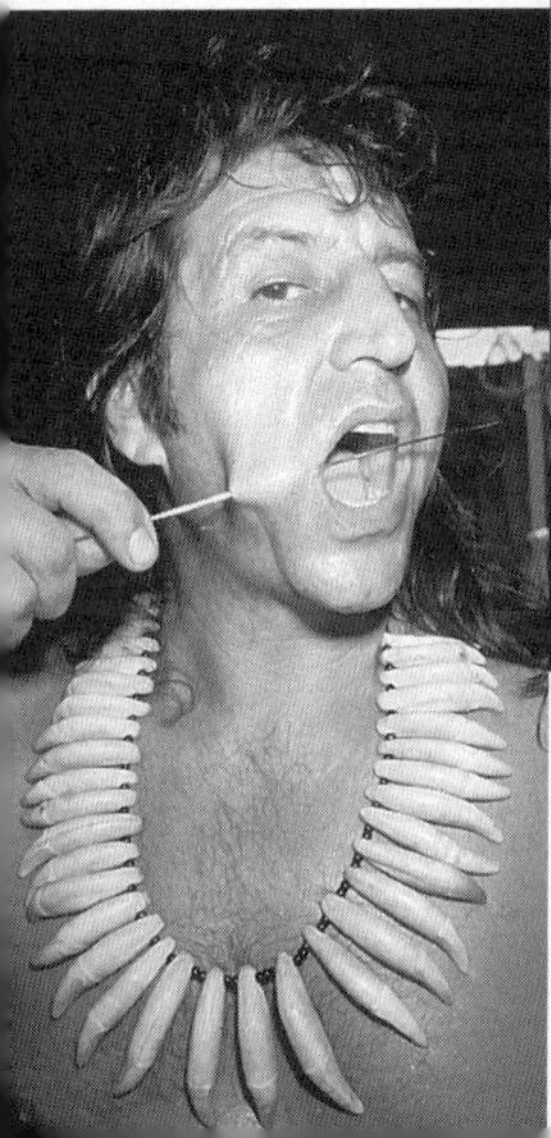

ある日、朝飯を食ってたら、店の中に、髪の長い巨大なプロレスラーのような男がのっしのっしと入ってきた。われわれを見つけるなり、いきなり身振り手振りを交えて大声でべらべら喋《しゃべ》り出しては、ひとりで大笑いする。ときどきスペイン語の発音が混じるので、どこの出身かと訊くと、

「南アメリカ全土だ。おれには国境がないんだ」と言って、また大笑いする。仕事はなんだと尋ねたら、「ショーだ」とそれだけ英語で言った。聞き違いかと思って聞き返したが、それは無視し、「おれのうちにコブラがいるから見に来い」とさっさと決めてしまう。しようがないので、ホテルのすぐ近くにあった彼のアジトを訪ねたのだった。

そこには、ありとあらゆるガラクタ、占星術の本、彼の自作の絵、何が入っているのかわからない空き箱、ローソクの燃えかす、強い臭いのするパイプタバコ、段ボールに入った古い写真の束などが、転がっていた。

その写真の中の彼は、もっとすごい身体でもっと格好良く、腹の上にトラックを乗せたり、頭突きで巨大な氷柱《つらら》を叩《たた》き割ったりしていた。いずれも尋常な技ではない。感心していると、今度は生きた二匹の大きなヘビを肩にかけて持ってきた。「コブラだ」と彼は言うが、コブラではなく、ほんとうは何のヘビかはわからない。頭の形からして、マムシ系統の毒ヘビかもしれない。こんなのに嚙《か》まれたら一発でアウトという迫力である（実は無害なニシキヘビの仲間だということがわかったが）。それを首に巻きつけ（もちろ

ん、ヘビの首根っこを押さえている）、鈴木さんにバシャバシャ写真を撮らせる。

その後、私まで、ヘビを首に巻くはめになった。生きてる大蛇をかついだのはさすがに初めてだが、首元さえ握っていれば、ヘビというのは全く何もできない動物なので、私の身体をうねうねとのたくるだけである。いい玩具《おもちゃ》だ。

彼はヘビを四匹飼っているが、いずれもこの辺で「ヘビが出た」と大騒ぎしているところへ出向いていって、捕まえてきたのだという。また、この家にはニワトリがたくさん飼われているが、それはヒヨコをヘビのえさにしているからららしい。ベレンで訪れたワニ園でも、ワニのえさはヒヨコだった。いちばん量産のきく生き餌《いえ》ということなのだろう。

続いて、彼の技の「ほんの一部」である〝串刺し〟を見せてもらう。

細い鉄の串をやすりで丹念に磨いてから、右の頰《ほお》につき刺しそれを左の頰から出すのだ。さらにすごいことに、私の太股《ふともも》くらいはありそうな上腕の肉にやはり串を刺し通し、それに紐《ひも》を通して、重さが四〇〜五〇キロはあるバーベルを少し持ち上げて見せた。完全に持ち上がらなかったのは、鉄の串がバーベルの重みに耐えきれずひん曲がってしまったからだ。

串を引き抜くと少し血が出たが、つばをなすりつけて、おしまいである。次の日に見ると、頰と右腕の計四ヵ所が虫に刺された跡みたいになっていた。それはあたかも彼の私たちに対する友情の証《あかし》のように見えた。以来、私たち三人は、ヒマにまかせて、細いジャリの町をうろついた。

恐るべき南米一の怪力男、サッソン。第六感で動物の心がわかるというサッソン。サッソンが命じると、そこらの犬が寝たり起きたり後をついてきたりと何でもする。が、なんか、犬のほうがいやいややらされているという感じなのがおかしい。

魔術で怪我《けが》や病気が治せる男サッソン。私が歯が痛いというと、さっそく部屋の暗がりへ連れ込んで、アマゾン河にすむ淡水エイの尾のトゲで呪文《じゅもん》を唱えながら、歯ぐきをつつき、「もう、これで大丈夫だ」と笑った。不思議に、それ以後旅が終わるまで、歯が痛くなることはなかった。

朝になると、ビニール袋に肉をたくさん入れて歩いているサッソンの姿が見られる。「大きい犬にやるんだ」と言って、肉屋からただでもらってくるらしい。大きい犬は、体長一八五センチ体重一三〇キロはあろう、長い髪にやさしい目をした南米一の荒業師サッソンだ。われわれに白黒のフィルムで写真を撮ってくれと頼んだサッソン。ほんとうのことはモノクロの写真にしか現れないのだそうだ。芸術家でもあるのだ、彼は。

ラランジャル・ド・ジャリ、通称ベラドンという名の高床式の奇妙な町に、彼は四~五年前から住んでいる。この町にも、実はほんの少し、五〇〇メートルくらい堅い地面がある。そこだけコンクリートで固められているのだが、そこも昔は、他と同じ高床式だったのだという。三年くらい前、それが大火事で全焼した。この町は火事が起きると、道ごと焼けて、痕跡《こんせき》も残らない。サッソンは写真家でもあるので、この渡り廊下シティが炎上する様を夢中でフィルムに収めた。

「すごく熱かった。すごく奇麗だった」と、大きすぎる両手をいっぱいに広げ、感嘆を表現した南米一の大道芸人サッソン。

サーカスに生まれ育ち、長じてはペルーのスタジアムで満員の観衆を集め、テレビにも出演し有名になったほどの彼が、いったいどうして、こんなガリンペイロと製紙工場のおこぼれをもとに、熱帯の水と狂気で増殖したような超場末に住んでいるのだろうか？　サッソンはいたずらっぽく顔をしかめて言う。

「船も、川の水が干上がりゃストップしちまうわな」——金がなくなったということらしい。でも、いつか、また、旅を再開するのだ。

「おれは特別だ。あと百年は生きられる」と本人は豪語しているので、あせることはない。

日中の暑さから解放されて人々の顔も生き生きとしてくる日暮れどき、ビールの空き瓶を運ぶ荷車が板の道をゴトゴトいいながら通り、船のポンポンいうエンジン音、客はまだいないが、早々と店だけ開けているバーが流す甘ったるいブラジルの歌謡曲やプレスリー調のアメリカ五〇年代ロックンロールが響きだし、町はにわかに活気を帯びてくる。男は若い女と見れば抱きついてキスしようとし、女は嬉《うれ》しそうに身をくねらせて逃げる。サンタレンやマカパへ行く船が汽笛やベルを鳴らし、まっとうな店はシャッターを下ろし出す。

その船着き場付近で、ひときわ目立つ大男、いつも上半身裸にショートパンツ一枚で、嫌がる犬と遊んでいたり、人気者らしく友人たちに囲まれて奇想天外な話をしていたり、またあるときは、ひとりぽつんと椅子《いす》に座って黙って遠くを見ているサッソンの姿を、今日も見ることができる。

第四章

世界でいちばんすごい名前のホテル

Santarém

サンタレン着

ジャリを出て約一日半、途中、日系人が多いので知られるモンテ・アレグレを経て、現地時間の午前三時、サンタレンに着いた。

そのまま、船で眠っていて、目覚めると、もう明るかった。甲板越しに見える河の水が黄濁色でなく、薄いエメラルドグリーンであることに気づいた。白い砂浜がずうっと広がっていた。河を行き来する大小の船がその浜にずらりと並び、打ち寄せるゆるやかな波に揺れていた。船の前方、つまり河岸の堤防の上には朝日を浴びた緑の木立があり、その向こうに真っ白な教会の尖塔《せんとう》が顔を覗《のぞ》かせていた。教会はカランコロンと鐘を鳴らしていた。今日は、日曜日であった。サンタレンは美しい町であった。

世界でいちばんすごい名前のホテル

ブラジルは、「はったり」の国だ。中身はともかく表向きだけは何でもカッコ良く見栄《みば》

果物売りのじいさん

サンタレンの教会

サンタレンの切符売り場。アマゾンで、このようなちゃんとした売り場があるのは珍しい

浜辺で魚を焼く少年

えがすればいいと思っている。だから、ホテルのネーミングにもそれが顕著にあらわれる。例えば、細い路地裏に薄汚い「ホテル・インターナショナル」があったり、看板も落ちそうな「ホテル南米」、ブラジル中の貧乏旅行者が集うのかと思いたくなる「ブラジル・セントラル・ホテル」などなど。

ベレンへ行く途中のサルバドールでのこと。「この辺でいちばん安い宿よ」と連れていってもらったのは、名前が何と「ホテル・レアル（REAL）。」英語と同じ綴《つづ》り、同じ意味のはずだ。すると「現実のホテル」「ほんとうのホテル」といった意味か……。

うーん、と考え込んでしまった。もう一度、見直してみると、そのホテル、古ぼけてはいるが、内装は格調高く（何しろ昔のものばかりだ）、落ち着いた雰囲気で（客がいなくて静かなだけだが）、これが町外れの裏通りにひっそりと立っている様を眺めると、妙に存在感があり、なるほど、確かにこれが「ほんとうのホテル」であるような気がしてくるから不思議だ。そして、ほんとうのホテルに住んでいるのだから、自分が「ほんとうの人間」であるような奇妙な安心感にふんわり包まれ（？）、二～三日過ごしたことを思い出す。

ところが、である。ベレン、サンタレン、と歩を進めるにつれ、やたら「ほんとうの」ものが多いということに気づいた。レアル・バンコ（ほんとうの銀行）くらいはまだいいが、商店街にあるただの店がレアル・レロージオ（ほんとうの時計屋）だったり、レアル・サパート（ほんとうの靴屋）とくる。

「これは、おかしい」と私は思った。ブラジル人はにせものの世界に生きているのか、それとも私の頭が春なのか。

ポ英辞書を引いて、ポカンとする。

〝REAL＝REAL、ROYAL〟。つまり、レアルには、「ほんとうの」のほかに「帝国の」という意味があったのだ。ブラジルは、南米で唯一、王政の時代を持ち、それは未《いま》だにブラジル人から「古き良き時代」と思われている部分があることを、私は思い出した。

すると、サルバドールで泊まったホテル、あれは「帝国ホテル」だったのか！　そして、他のつまらん店も「帝国靴店」や「帝国時計店」だったりしたわけだ。まったく、「はったり」にもほどがある。

この衝撃の事実に気づいた、ここサンタレンで泊まっていたのは、「セントラル・プラザ・ホテル」である。

それは、市場の真横にあり、色鮮やかなスイカやパパイヤを売る威勢のいい声が絶えず聞こえ、二階のベランダに出れば、遠くからだと黒く見えるアマゾン本流と、そこに流れ込む支流でやはり遠くからは水色に見えるタパジョース川の二つの河が、混ざらずにきれいな二本の帯のまま流れていくのがよくみえる。

奇妙なことに、朝方は水色の帯が太いのに、時間がたつにつれ、黒色がどんどん押してきて、午後遅くにもなると、帯は消え、黒一色になってしまったりする。潮の満ち引き（河だから何と呼んだらいいのだろう？）のせいだ、という。月の引力が色でわかる河というのも、ちょっとない。

ベランダの手すりに寄っかかり、そんなアマゾンの情景にのんびり浸っていると、このセントラル・プラザ・ホテル、値段は中の下くらいだが、まんざら「はったり」でもないな、と思う。

ところで、サンタレンには、日本食レストランが一軒だけあり、私たちは、そこの店主岡田さんと奥さんにいろいろお世話になったり、特製の魚料理をごちそうになりながら、面白い話を聞かせてもらった。

あるとき、ホテルの話になった。今、泊まっているのは市場の前だ、と私が言うと、「それは、カミノ・ホテルじゃないの？」と奥さんにきかれた。そういえば、確かに、ロンリー・プラネット社のガイドには、私たちのホテルがある場所に「カミノ・ホテル」と書いてあった。もしかすると、あのホテルは、昔のカミノ・ホテルだったのかもしれない。ブラジルのホテルやレストランは、すぐ潰《つぶ》れたり、名前が変わったりする。

「その『カミノ・ホテル』って名前は、うちのお母さんがつけたんですよ」と奥さんは言った。

何でも、その当時の経営者はポルトガル人の二世で、岡田夫人の両親（同居しているが、そのときはたまたま留守だった生田さん夫妻）と親交があった。そのポルトガル人は、ホテルを始める前に店をやっていたが、ある日、泥棒に入られ、金をごっそり盗まれた。彼はどうしようもなく、生田さんのところに泣きついてきた。というのは、生田さんの奥さんは霊感の持ち主で、以前から何度かその能力で彼を助けてあげていたからだ。そのときも、生田夫人は霊感で、「盗まれた金は、まだ店の中に隠してある」と見抜き、店を調べてみたところ、全額の八割くらいは隠してあるところから発見されたのだという。

もちろん、ポルトガル人は大感謝し、新しくホテルを建てたときも、生田夫人にホテルの名前をつけてくれるよう頼んだくらいだ。すると、夫人は「前に、あなたには神のご加護があったのだから、『神のホテル』としたらどう？」と言った。彼はその通りにした……カミノ・ホテルである。

うまい飯をたらふく食い、ホテルに戻って、その正面からしげしげと眺めた私は発見した。〝CENTRAL PLAZA HOTEL〟と大きく書かれている前に、副題でもつけるように小さい字でしっかり〝CAMINO〟と出ているのを。

翌日、このホテルの現在のオーナーである日本人に聞いたところでは、その人はホテルを買い受けたとき、カミノの名の由来など知らず（何しろ、私が言うまで知らなかったのだ）、第一「カミノ」なんてポルトガル語では意味もなさないので、さっそくブラジル風「はったり」に従い、セントラル・プラザと改名したらしい。ただ、ガイドブックには昔の名前で出ているので、「カミノ」の名称も残しておいたという。

こうして、日本人の霊感とブラジルの「はったり」が合体して、

『神のセントラル・プラザ・ホテル』

という、ものすごい名前のホテルが誕生したというお話であった。

サンタレンからマナウスへ

船旅もいいかげん、うんざりしてきた。

サンタレン発マナウスの船は、かなりでかいうえ、立って歩く余地がないほど、ハンモックが縦横無尽に張り巡らされ――実を言うと、私たちは、一階よりやや高級な二階なので、まだマシなのだが――、人が増えれば、それだけ秩序は乱れ、生活しにくくなる。

まず、飯の時間になると、食事係の男がダンスを踊っているみたいに身体でリズムをとりながら、コップやアルミの盆をガンガン打ち鳴らし、私たちのようにテーブルの上にハンモックを吊《つ》って寝ている者（何しろ大きな食卓なのでそういう人はたくさんいる）を叩《たた》きおこす。

この巨大なテーブルでも、乗客の数には到底足りないので、四～五回のローテーションで入れ替えになる。最初と最後では一～一時間半くらいの差があるので、みな競って最初

のテーブルにつこうとする。

何回かの入れ替えでようやくテーブルにつけば、例の特殊なノリを持つ食事係が広い卓上に向かって皿やコップをバンバンすべらせ（コップの一つくらいすぐ割れる）、それをキャッチした客は、せっせと紙ナプキンで水をふきとる。さらに、この、自分の衛生には妙に神経質な人々は、自分の前のテーブルをきれいにふくと――前の連中がさんざん食い散らかして、メチャクチャに飯が飛び散っている――、その残飯を全て、テーブルの下に払い落とす。

ちなみに、テーブルの下は、客の荷物置き場になっているのだが、まず、おかまいなしで、自分の皿をきゅっきゅとこすることに余念がない。さらに、じーっと待って、飯が来ると、また争って食う（飯自体はうまく、地元名産のガラナ・ドリンクまで、おまけに付いてくる）。結局私たちは、食事が始まってから終わるまで、約一時間半、ハンモックが使えないので、ぼーっと河を見ながら手すりに寄りかかって突っ立っている。

ようやく飯が終わると、ちょうど私たちのハンモックの場所は、そのまま大ドミノ大会の会場と化す。このときになると、博徒《バクト》特有のギラギラした目つきの男たちが集まり、ビールのキャップをチップにして、気合いもろとも、バッシバッシと大きなドミノの札を木のテーブルに叩きつける。勝負は一回二～三分で、決着がつくごとに、見物人を含めて大歓声が起こり、またジャラジャラとかきまぜる。それがまた、うるさい。とても寝てられないので、しかたなく観客に混ざるはめになる。

ドミノ大会の中断時も私らに完全な平穏はない。私たちの周りに若い女の子が何人かいた。最初のうち、すぐ横のハンモックの中、例のごとく大胆きわまりない格好の彼女たちが身をくねらせながら寝返りを打つのを見て、ラッキー！と思ったのは、私がまだアマゾン、というよりブラジルをよくわかってない証拠だった。いくらもしないうちに、男たちがハエのようにわさわさと集まってきたのだ。必ずしも若いやつばかりではない。いい年したオヤジもけっこういる。

だいたい、彼らブラジル人の行動パターンを見ていると、若い女と見ると片っ端から声をかける。近寄る。髪をなでる。じゃれる。女も嫌がらずにいちいち相手をする。あまりに仲良さそうなのでてっきり恋人かと思いきや、トイレに行くために通りがかっただけの男だったりする。その無差別的な情熱としつこさは、読売新聞の勧誘員に匹敵する。そのためだろう、全然金を持っていない連中も身づくろいだけは隙《すき》がない。

まさに、ナンパ至上主義。生物の目的が子孫の繁栄であり、その第一の手段が異性を引きつけることにあるとしたら、世界中がみんなブラジル人になってしまうんじゃないか、と心配になってくる。が、そんな先の心配より、今、横でベタベタされるのが目障りでしようがない。

特に、鈴木カメラマンは怒りまくっているが、彼は、熱愛する新婚の奥さんを日本に置き去りのままアマゾンに来てしまったほどの硬派だから無理もない。

私は、横の楽しそうなインスタント・カップルと忿懣《ふんまん》やるかたのない硬派カメラマンを見較べて、「こういうのを、『異文化の壁』というのかな」と思う。両者が理解しあう日は来るのだろうか。

昼間は暑い。みな、ハンモックにうだーっと寝そべるが、この船は、人が多すぎるせいか、いくらも風が通らない。本を読む気にもなれず、しかたなく、〝伝家の宝刀〟ハーモニカを出して吹き鳴らす。が、船のエンジン音がうるさくて、自分の出す音が聞こえない。退屈しがちな船旅対策として特別に用意してきた切り札がこうもあっさりと打ち破られるとは、いつもながら、現地へ実際に行ってみなけりゃわからないものである。もっとも、私の下手《へた》な演奏が一般客の注目を集めないのは幸いで、片耳を押さえ、ヤケになって吹きまくる。一～二時間もすると、ハーモニカを吹き終わっても、船のエンジン音に混じって幻聴が聞こえてくるようになる。多少、頭は痛くなるが、これで、だいぶ時間は潰れる。

こんなロクでもない船でも、楽しみなことはある。

毎朝五時半、「朝飯だ」と刑務所さながらに叩き起こされるので、いつもは寝過ごしがちな早朝のひとときを満喫できるのである。今が乾期であるせいかどうか知らないが、アマゾンでは、すかっと晴れた空はいくらも見えず、本来もうひとつの楽しみであるはずの夜空の星もあまりパッとしない。それで、この朝のひとときが真に貴重な時間で、一日のその他ほとんどのだらけた時間は、この二時間あまりのための捨てゴマではなかろうか、と思えるくらいだ。

朝日は、日没と並ぶアマゾンの二大看板である。

ダークブルーの雲の合間から真紅の光が射し始め、やがて大きなやはり真紅の太陽が水の中から、あるいは森の彼方《かなた》から厳かに立ち現れるのであるが、それを目《ま》の当たりにすると、「どうして、こんなことになっちまったんだろう」と、私は、いつも奇妙な感想を抱《いだ》く。毎日同じものを見ているはずなのだが、毎日それを生まれて初めて見るような気がする。

さらに、その太陽がゆっくりと上空にのぼり、それにつれ、光はオレンジ色の強烈なものになり、水面にくっきりとオレンジの道をつけ、甲板にいる私のところまでやってきて、船の直前でスクリューのかきたてる波とたわむれるのを見るとき、自分と太陽が一対一の関係になったような感じがする。

夕日とはちがう。夕日は、全ての人たちと共有するもの、朝日は自分だけのもの、もっと言うなら、自分は朝日だけのものだ。こういう朝日を毎日見て育てば、私ももっと異なった人間になっていただろう。

日の出との対峙《たいじ》は緊張感に満ちたものだが、私がさらに幸せになれるのは、これからだ。河というのは、真ん中へ行くにしたがって流れが速くなるので、上りの船はできるだけ岸に近いところを走る。二階で日の出を見たら、下に降りて、船の舳先《へさき》のところまで行ってみるとよい。涼しい風と一緒に朝の匂いが感じられるはずだ。

朝の匂いとは何だろう?

緑の匂い、草や葉についた朝露が蒸発するときの匂い、あるいは舳先がはじく水のぱしゃぱしゃいう飛沫《しぶき》、薄靄《うすもや》に淡い光がはじけ、肌は風に冷たく陽に暖かく、ときどき、岸辺の方から、ほのかに運ばれてくる煙の匂い、それは人間が生きている匂い、そういった感触のすべて溶け合ったものだ。それは、また、懐かしい匂いでもある。こうして、朝、カヌーに乗ってアフリカを旅したことを思い出す。

いや、もっと昔もそうだ。私の生まれた家は、まわりがみんな草っ原だった。きっと毎日この匂いをかいでいたのだ。寝起きの悪い私はよく憶えていないが、身体に染み込んでいるにちがいない。

ときどき、イルカが跳びはねるのが見える。アマゾンカワイルカだ。彼らの一日も始まったらしい。だんだん暑くなってくると、後はもう、早くマナウスに着くことを願うばかりである。

第五章 過熱する都市

Manaus

アマゾンは秘境か

アマゾンに関する幻想は多い。「アマゾンは秘境である」という超固定観念から始まって、「アマゾンに住んでいる人はインディオである」とか「アマゾンは、病気・猛獣・毒蛇の宝庫である」……etc。と、ほっとけば、果てしなく続く。

もっとも、これらは日本人だけではなく、世界中に共通のイメージらしい。何しろ、当のブラジル国内でも、南部の都会ではそのように思われているというのだから、無理もない。サンタレンで聞いた話だが、サンタレンに住む日本人がサンパウロに出かけたとき、床屋で散髪をしてもらい、金を払うと、やはり日系人の床屋は、「えっ、アマゾンでも同じ通貨を使っているんですか!?」と驚いたという。

また、アマゾンを南北に縦断する道路が建設される際、軍隊が一緒に派遣されることになったのだが、そのとき、兵隊の家族が猛反対したという。理由は、「そんな危険な土地には息子（あるいは夫）をやれない」ということであった。

もちろん、これはちょっと極端だし、古い話でもあるのだろうが、結局、アマゾンと呼

サンタレンの船着き場

出迎えの人でごったがえすマナウスの船着き場

ばれる地域が、リオやサンパウロの人間にとって「すごく遠くて、みんなジャングルで、インディオや野獣がすんでいるようなところ」程度のことしか連想させないという点では平均的日本人と大差ない。

そして、ほんとうのところはというと、五十年前ならいざ知らず、現在のアマゾンは、とてもそんな一言で片付けられるような場所ではない。

まず、アマゾンというのは、一つの広大な地域、もっとわかりやすく言うなら、一つの巨大な国家だと思ったほうが誤解が少ない。どんな国家にも、ビルの立ち並ぶ都会があり、辺鄙《へんぴ》な土地がある。今さら、よっぽど無知なヨーロッパ人でもない限り、「アジアは秘境だ」とか「ペルーに住んでいるのは、原住民である」などと言わないのと同じように、「アマゾンは秘境である」などという言い方をする時代はもうとっくに終わっているのである。

過熱する都市

「マナウスってどんなところ?」と訊ねられ、「そりゃ、でかい町さ」とか「いろんな人間がいて面白いよ」などと、東京へ行ったことのある地方の人間のようなことを答える奴《やつ》はいない。代わりに、口をそろえてこう言う。

「マナウス？　アー　ムイーント　ケンチ（マナウス？　暑いぜ、とにかく）!!」

マナウスは、ほんとうに冗談抜きで暑かった。船旅というのは、船に乗っているときはなかなか快適だと思っていても、降りると、どっと疲れが出る。しかも、着いたのは午後三時、打ちのめすような猛暑。重い荷物を抱えて歩き、ようやくタクシーを見つけて乗った。

運ちゃんに、「いや、何て暑いんだ、ここは」と話しかけると、「そうかい、でも、これで最近は結構涼しくなったんだよ。今日なんか、四三度しかない」と言って笑った。「つい二週間前なんか、毎日五二度だったんだぜ」

ホテルは、港に近い安宿街でわりとマトモなところを選んだ。われわれにしては珍しくエアコン付きで広くて明るい、見た目にはよさそうな部屋だったが、これは失敗だった。昼間の日当たりの良さと広さのせいかエアコンが部屋の熱気に勝てず、いつまでたっても涼しくならない。

それでも、そのうち涼しくなるだろうと信じてひたすら耐えていたが、ついに我慢が限界に達し、「あーっ、あつい、あつい！」と突然叫んで窓に駆け寄って全開にしたのが、夜の十一時であった。窓を開けてもさして変わりはないが、少し開放感がある。おそらく路上のほうが涼しいだろうと思いつつ、あきらめて寝ようとするが、ベッドは極度に熱せられ、とても横になれない。しかたなく、パンツ一枚になって、床に転がる。

何しろ、部屋がいたずらに広いので、床も場所によって微妙に熱加減が違う。それで二人して裸であおむけにひっくり返って、蛍光灯の白々しい光の下、手足をばたつかせ、ゾウリムシやミジンコのように板の床をシュルシュル移動しながら、少しでも冷たい床を探した。

せっかく、文明の恩恵に与かろうとしたら、その結果がゾウリムシとは、世の中わからないものである。

ところで、熱帯雨林のあるところは、森林が熱を吸収するため、それほど気温は上がらないのが普通である。アマゾン本流で、日中の最高気温が三五度を超すことはまずないし、ましてや夜になっても暑くて眠れないなんていうのは、おそらくマナウスとイキトス（ペルー・アマゾン最大の街）くらいであろう。

マナウスの市街にいたっては、全く同じ気候帯に属する周辺の小さい町や森林部、川辺に較べて、常に五～一〇度気温が高いのではないか。最近の地球温暖化などせいぜい二～三度だからかわいいものである。その原因はもちろん、まずアスファルトとコンクリートで地面を覆いつくしていることにある。さらに、工場や自動車の排気煙、人口の集中、エアコンの普及とくる。

暑さは、進歩と発展、都会と文明の証明だ。いい服着て、いい車に乗って、よく勉強し、よく働く人間が増えれば増えるほど、街は過熱していくのだ。

アマゾンの首都

ちょうど乾期から雨期への変わり目らしく、何日かすると、ときおり、にわか雨が降るようになった。暑さが和らぐ、というほどではないが、一息くらいつけるようになった。

こうして見れば、マナウスだって決して悪い街ではない。今世紀初めには、ゴム景気で栄華を極め、最近では、高層ビルが林立し、人口も急激に増え、今や一二〇万とも一五〇万とも言われる大都会（日本の仙台がやっと一〇〇万都市になるかならないかであることを思えば、これは大変な数字だ）と聞いていたので、どんなすごい都会かと思いきや、何のことはない、巨大だが古ぼけた田舎町《いなかまち》に、さらに辺鄙なところから出てきた人間がわさわさ集まっているだけのことであった。

人々の顔も、ベレン辺りから較べるとガラリと変わる。ほとんどがインディオの血をひいているようで、頬骨《ほおぼね》が張り、目もとはのっぺりし、髪は黒い。美人が消滅してしまったことについても驚くばかりだ。ベレンでは道を歩いていて一分に一回は振り向きたくなるような女にすれ違ったものだが、ここでは放っておくと、つまり、意識して探さないかぎり、一日中かかって一人も見なかったりする。

一つには、ファッション・センスの問題で、とにかく、洗練されたと思える人が、男も女もほとんどいない。

二つ目には、ルックスそのものがいただけない。確かに、白人と黒人の混血（ムラータ、モレーナ）にはかなわないまでも、インディオと白人の混血だって十分美人が生まれて差しつかえないと思うのだが、なぜか、ここではパッとしない。けっこういい線はいっていても、何かちょっと一ヵ所、目とか鼻とか口とか顔の形とかがちがっていて、全体のバランスがとれていない。その点、後に出会う純粋のインディオのほうがずっと顔立ちはすっきりしていて良かった。

ここの人間は下手《へた》に安っぽい化粧をしているので、かえって泥くさい感じがするのかもしれない。もっとも、その泥くささは、成長するほどに崩壊していく運命を感じさせるこの街の雰囲気と妙に調和している。そういう人たちがわさわさいて、いたずらに人口を増やし、場所がないので河辺に高床の小屋をむやみに立てたり、百年前に造られた市場に入りきらない品物や行商人が道端にどこまでもあふれていたり、ボロボロのバスに金をちゃんと払っているのかどうかよくわからない客がいつも満載されていたりと、まさしくアジア的な混沌《こんとん》とした空気が熱くみなぎっている。

ここは、文明の退化する場末ではない。ここは間違いなくアマゾンの首都、アマゾンの入口なのであった。

われわれが宿をとっているジョアキン・ナブコ通り界隈《かいわい》も、なかなかに面白いところである。とにかく、どうしてこんなにあるのかと言いたくなるくらい、ホテル、それも安宿が集結している。特に、キンチーノ・ボカユーバ通りとジョゼ・パラナグア通りで挟まれた一角は、窓もないウゾウムゾウの安宿がひしめき、入口には、おそらくはガリンペイロや田舎からの出稼ぎ、もしくは、単にそこらをぶらぶらしている職無し、チンピラ、泥棒、ならず者が、たむろし、やはり数多いバックパッカーのツーリストに鋭い視線を投げかける。

この辺りは、全てが休みになる日曜でも唯一賑《にぎ》やかに活動しているところで、大衆食堂のいくつかは思いがけず、〝カルデラーダ（鍋《なべ》）〟という素敵な地元料理を食わせ、ブラジルには食文化はないと結論しかかっていた私たちを驚かせ、あるいは喜ばせる。

これは、タンバキやツクナレといった魚を二つ三つの切り身にし、じゃがいもや玉ねぎなどの野菜と一緒にぐつぐつ煮込んだ、まさに「鍋」で、これにイモの粉ファリーニャを魚の汁で溶いたオレンジ色のペーストと、柔らかめに炊いたご飯を一緒くたにぐちゃぐちゃかき混ぜると、もう最高にうまい。

鍋には、英名でコリアンダと呼ばれる緑の香料葉が入っており、皿に取ってから魚のむっちりした白身に直接ふりかける小粒のライムとともに料理に微妙なニュアンスを与える。きっと、このコリアンダの香りをかぐたびに、いつまでも、カルデラーダとマナウスとこの旅のことを思い出すであろう。

さて、この界隈は、ガラが悪いばかりでなく、黒いコートやブーツで海賊のような格好をした男や、世の中の何が気に入らないのか、ダンボールの切れ端とビニールひもでふんどしを作製してはいている男といった奇人変人がちらほらと見られるが、「変さかげん」では、食堂そばのイグレージャ・ウニヴェルサール（世界教会?）にはかなわない。

カルデラーダを食うと、満腹すると同時に、気が狂うほど暑くなる。気温が四〇度を超えるところで鍋物を食うのだ。そこで、汗でずぶ濡《ぬ》れになりつつ次の手順としてアイスクリーム屋に向かうその途中に、この狂信的な教会がある。

いつも道路にはみ出さんばかりの人が集まっており、壇上の牧師だか神父だかがマイクで「今、出なさい、今、出なさい……さあ、もっともっと……」と大声で叫び続ける中、信者たちが首筋やこめかみを指で押さえながら恍惚《こうこつ》とし、さらには、悲鳴をあげたり、全身をガクガク痙攣《けいれん》させせトランス状態に入っていく光景がよく見られる。

入口で無表情に揚げ菓子やタバコを売っている出店のおばちゃんたちの傍らで、それをしばし見物し、アイス屋へ向かうというのが、私たちのマナウス夜のフルコースであった。

ジョアキン・ナブコ——おそらく、カルカッタのサダル・ストリートや香港《ホンコン》の重慶マンションのように、その筋の旅行者の間では世界的に名のある通りなのかもしれない。

悲しきジャングル・ツアー

私たちは、マナウスで初めて町を離れ、「ジャングル・ツアー」に出かけた。

アマゾンは、前に言ったかもしれないが、ただ船で旅しているだけでは国道を走っているようなもので（ちょっとちがうけど……）、いつまでたっても、動物やピラニアには出会えない。そのためには、町を離れ、脇道にそれて、森や細い支流に入っていかなければならない。とはいうものの、もちろん、何も知らない人間がやみくもにジャングルの中に突っ込んでいくわけにもいかず（だいたい、交通手段も装備もない）、よほどポルトガル語に堪能《たんのう》であるか、現地に知り合いがいるかでなければ、普通の旅行者としては、既成のいわゆる「ジャングル・ツアー」に参加するしかないのが、現状である。

マナウスはアマゾン観光の中心地であり、街中には「犬も歩けばジャングル・ツアーにあたる」と思わず呟《つぶや》いてしまうくらい、旅行代理店、客引き、看板の類《たぐ》いが多い。

これらのツアー会社は、その数の多さもさることながら、浮き沈みが激しく、倒産と設立を繰り返し、同じ会社でもオーナーや従業員の交代で質がどんどん変わるらしいので、いったいどれを選べばいいのか、見当もつかない。しかも、どれもバカ高なので、もうやめようかとも思ったが、ある旅行代理店の好意を得、マナウスの代表的なツアーを「取材」という名目で無料見学させてもらうことができた。そのことについてはひじょうに感謝しているが、ツアー自体は率直に言って、「タダでも高い」代物であった。

マナウスから、総勢一〇名の客にはかなり大きい船で三時間も行くと、ジャングルの中にでかいロッジが立っており、人に慣れたサルがたくさんいて、キャッキャいいながら、われわれ観光客にしがみつく。

きちんとした食事をすると、午後は散策と称し、近くの川をモーターボートで走り回り、ときおり上陸しては、ガイドが「このようにアマゾンでは高床式の家で暮らしています」などと英語で説明し、普通の生活をしている人の小さく質素な家にみんなでぞろぞろ上がり込み、うん、なるほど、という顔をする。

夕方、宿に戻ると、シャワーを浴び、食事をとって、みんなで談笑（「アフリカのマサイ族とピグミー族ではどちらが野蛮で危険か？」と訊《き》かれ、私は困惑した）、そして夜はワニ狩りへ。

幅が一〇メートルくらいしかない小川なのに、全員ライフジャケットを装着し、ボートに乗り込む。ガイドが「声を立ててはいけない」というので、みな黙っているが、モーターのブンブンいう音が響き渡る。

岸辺の中にワニを見つけると、船ごと突っ込んでいき、ガイドが身を乗り出して見事にワニを手づかみにする。全長五〇センチ。大きめのトカゲくらいか。さすがに、品のよいお客様方もあきれた様子である。

その夜、小ワニを計四匹捕獲するが、全部逃がしてやる。ガイド曰《いわ》く、「私たちは、アマゾンの自然を守ります」。何か違うんじゃないか。

翌日は、午前中二時間ほどのジャングル・ウォーク。ロッジ近くの森の中の一軒家を訪ね、そこに住んでいるじいさんの案内で、その裏庭のような林の中をうろつく。驚いたことに、南アフリカの白人のご婦人はひらひらのスカートが藪《やぶ》に引っかかり、アメリカのご婦人はハイヒールが落ち葉の堆積《たいせき》した地面にずぶっと沈んでしまい、ほかの客は蚊がたかってくるのに、それぞれ憤慨し、「こんなひどいところはもう嫌だ」と、ぶつくさ言う。

ジャングル（裏庭）からじいさんの家に戻ると、何と氷入りのミネラルウォーターがロッジから運ばれており、機嫌を直したお客たちは、あたかも苦難を切り抜けてきたかのように語り合う。

私は、じいさんと少し話をしたが、彼だけが、このニセモノだらけのジャングル・ツアーにあって、唯一のほんものであった。それは、裸足《はだし》の屈強な足、顔中に刻まれたしわを見ればすぐわかる。このじいさんだけが、私たちがホテル付きの熱帯植物園にいるのではない証明であると言ってもよく、このまま他の連中と別れ、ここに留まりたいくらいだった。彼に、ここの生活はどうか、と訊くと、「わずらわしいことが何もなくていい。わしはここで生まれ育ったんだ。息子たちはみな街へ出てしまったが、わしはそうするつもりはない」と言っていた。

うなずいて聞いていたが、帰り際、ガイドの指示で客がはずむチップをじいさんがへこへこして受け取るのを見たときには、ほんとうに居たたまれない気持ちになった。もう一泊することもできたが、早々とこのツアーから脱落し、マナウスに帰ることにした。

「おや、もうお帰り？　取材はよろしいの？」とスウェーデン人にきかれた私は、「ええ、もう十分です」と答えて船に乗った。もう十分だ。

不自然な自然を見物するくらいなら、つまらなくても自然な街を生きたほうがいい。

第六章　水と森と時間

Telé

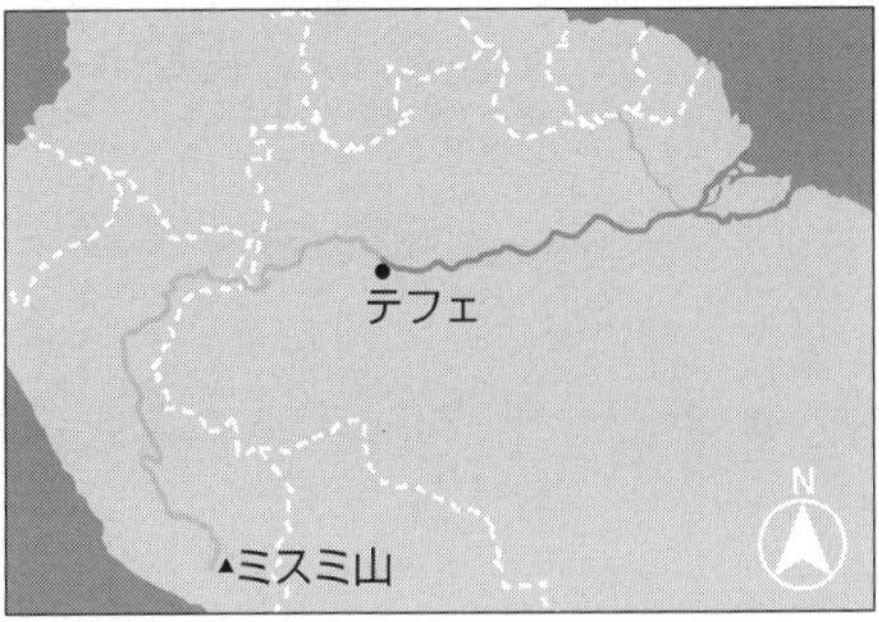

原初的ジャングル・ツアー

テフェは、マナウスから船で二〜三日行ったところにある。魚やイルカが港付近の水面をポシャポシャ跳びはねており、いかにも、魚が豊富に獲れるので知られたところらしい。町は、一目見て気に入った。漁の小舟が砂浜につつましく並び、さらに陸にあがっていくと、大きな樹々の下、屋台、市場が、田舎《いなか》の夕方らしいのんびりした賑《にぎ》やかさに包まれていた。ここでは、きっといいことがあるにちがいない。

このテフェでたった一人のガイド、ジョアキンじいさんに会ったのは、その翌日のことだ。彼に出会えたのは、一言でいえば、「運命の女神の引き合わせ」による。

私たちが、マナウスでテフェへ向かう船に乗り込んだとき、出港直前のごった返す船内で、こちらに話しかけてきた若い男がいた。マナウスのある中級ホテルのフロントをしているというこの青年の話によれば、彼はテフェの出身で、父親はテフェでガイドをやっているという。「テフェのあたりで、おれの親父ほど森と河に詳しい人間はいない。ぜひ、会いに行くといい」と、居場所を教えてくれた。

名コンビ、ガイドのジョアキンじいさん(左)と船頭のハイムンドじいさん

この男が、ただ暇つぶしのために港をうろうろしていただけで、しかも、私たちがたまたまテフェに行く予定だった（普通のツーリストはひじょうに少ない）ことを考えれば、これは素晴らしい偶然だ。ここで教えてもらわなければ、昼間は畑にイモを掘りに行っていて家にもいない、このじいさんと知り合うチャンスはなかったろう。

しかし、運命の女神が引き合わせてくれたのはなかなか大変なじいさんであった。何しろ、私たちを戸口で迎え入れた瞬間からいかにも嬉《うれ》しそうに喋《しゃべ》りだし、その後も、私にほとんど口をはさむ間も与えず、また、こっちが彼の話をいくらも理解していないのもおかまいなしにえんえんと語り続けた。

それもそのはずで、外国人のお客が来たのは、「八月のスイス人の若い連中以来、三カ月ぶり」で、「今年に入ってから四～五組目」という。ふだんは何をしているのかときくと、「農業に従事している」ともったいぶって答えたが、ようするに、野良仕事をしているというだけで、ここら辺の普通の人たちと同じ、いわゆる〝カボクロ〟である。

カボクロというのは、かつてはブラジルで、インディオと白人開拓民の混血を指し、いってみれば、「半分文明化し半分野生のままの人間」というような意味で使われていたようだが、混血が徹底的に進んだ今となっては、語感も変わり、他の地域ではどうだかわからないが、ここアマゾンでは、人種はともかく、純粋なインディオでも都会の人間でもなく、その土地に生まれ育ち、狩りや魚獲りや畑を耕して生活しているような人を呼ぶみたいである。そして、このカボクロがアマゾンの大多数である。

ジョアキンじいさんは、緑色の目をしており、顔つきも完全なヨーロッパ人で、おそらく純粋な白人と思うが、生まれたときから日に焼け続けてきたとおぼしき褐色の肌、背は低いながら、がっしりした肩、私の二倍くらい太そうなごっつい指、いつも裸足《はだし》でいるためにすっかり指の開いた足、そして、何よりもその朴訥《ぼくとつ》さが、彼がカボクロであることを示している。

およそ、プロのガイドらしいところのない彼だが、その情熱だけは、十分すぎるほどで、機関銃をのろのろ撃つように、とうとうと話し続ける。私のポルトガル語は、簡単なことなら何とかわかるが、こみ入ったことになると、さっぱりわからない。本来、ツーリストがガイドに仕事を頼むのは、簡単なことに属するはずなのだが、じいさんは、簡単な話をこみ入らせるのが得意中の得意であり、しかも話がどんどん飛躍するので、お手上げだ。

彼が今までいろいろな外国人と仕事をしてきたこと、昔はピラルクやワニのでかいやつがたくさんいたこと、森の中でオンサ（ジャガー）にばったり出くわして驚いたが何とか仕留めたという冒険談になり、身振り手振りに鳴きまねを加え、眉間《みけん》にしわを寄せて、ガアーとかウーとか唸《うな》りだし、あるときは走って逃げたり、あるときはそれらの動物を見事に撃ち殺し、何だかよくわからんが、すごい。

結局、アマゾンにいるほとんどの動物がじいさんの家に解き放たれ、演じる本人も観客をつとめさせられたわれわれもすっかり疲れ果てたころ、ようやく、じいさんのよく知っていたカトゥアというところに、二日後、出発することが決まった。

朝早くから買い出しに出る。米やら油やら釣り針など、必要物資を買い込んで、ダンボール箱に入れて肩にかついだりもすれば、いやが上にも雰囲気は盛り上がる。

船は、この河筋でよく見かけるもので、ちょうど一家族が丸ごと移動できる程度の大きさだ。真ん中の仕切りから前は人がいる空間で、後部は大きなディーゼル・エンジン、ガス・コンロ（カトリックの学校でプロパンボンベを一つ譲ってもらった）の台所と物置にあてられている。文字通り、「移動する家」である。これに小さいカヌーを一つ付ければ、アマゾンで生活するのにこれほど便利なものはない。この船も、一見、古ぼけてはいるが、中身はしっかりしているようだ。いわゆる「年季が入った」というやつで、それは、この船のオーナー兼船頭であるハイムンドの形容にそのままあてはまる。飼い犬が飼い主に似るようなものだ。

飼い主の方はというと、全身毛むくじゃらで、頭と胸毛は真っ白、手足は真っ黒の毛で覆われ、まるで初めからツートンカラーの動物のようだ。しかし、この土地の人間にしては珍しく腹が出ておらず、筋肉質でスラリとした若者のような体格をしている。てきぱきとしていて、頭脳も明晰《めいせき》で、まるで、青年のまま時間だけたって、じいさんになってしまったようだ。

この六十三歳のガイドと五十六歳の船頭は、昔から、よくコンビを組んで一緒に仕事をしてきたようで、この古ぼけた船の、握りが一本欠けた舵《かじ》の前に仲よく並んで立つ二人の同じくらい日に焼けて同じくらい年を経た背中を見ていると、何とも言えず心が和む。

昼近くなって出発。何しろじいさんの説明がわからないので、行き先であるカトゥアなる場所が、どこにあるのかさえしかとはわからないというい加減さで、船がマナウス方面に向かっているのがわかったとき、ようやく、「あー、ソリモンエス（アマゾン本流）の下流の方にあるのだな」と見当がついたのだった。

季節は雨期に入りかけていたが、折しも本日は天気も良く、エンジン音とジョアキンじいさんの長話から逃れるべく、船の屋根に寝そべると、最高に気持ちがいい。

「やっぱり、こうでなくちゃいかんよ」と鈴木さんが満足気に繰り返す中、黒やピンクのイルカが、シャポンシャポン跳ぶ。黒いやつは、鮮やかに弧を描き、ピンクのやつは、ぬめえっとピンクの背だか横腹だかを水面に出す。

私が思うに、この現れ方が、ピンクイルカが人間の男に化けて、女をたぶらかす（女は、その魅力の虜《とりこ》になってしまいには死んでしまうそうな）とか、その性器が精力剤になるという伝説を生んだのではないか。とにかく、ひじょうに、いやらしいのである。

午後いっぱいかかってソリモンエスを下り、日焼けで身体中が真っ赤になった頃、船は急に方向を変え、支流——というより湿地帯の細い水路に入り込んだ。これがカトゥア川だという。風になびく緑の草原の中に水があふれこんでいる。立ち枯れの木の林や、湿地性の森林も見え、これぞアマゾンという風景だ。船は浅瀬を恐れ、ゆっくりと進む。

辺りが暗くなる頃、水路は急に広がり、湖のようなところに出た。今日はここでストップらしい。倒木に船を縛って、停泊する。

飯を食ってから、じいさんたちにワニ狩りをせがんだが、「月が出ていると、ワニ狩りはできない」と軽くいなされてしまう。しかたなく、ハンモックを吊《つ》って寝た。

おそるべきワニ狩り

夜中にいきなり叩《たた》き起こされる。目をあけると、ジョアキンがにこにこしている。「月が消えたからワニ狩りへ行こう」。ほんとうかいな。午前二時三十分。こんなジャングル・ツアーありか、とぶつぶつ言いながら、必死でハンモックから抜け出し、カヌーに乗る。このカヌーは二人乗りだから、鈴木さんは明日にしてもらい、私とジョアキンの二人で出かけた。

無性に眠かったが、深夜の湖は、それをこらえるだけのことはあった。月がないから、暗い。ほとんど闇《やみ》に近い。カヌーは、小さく浅く、ひじょうに不安定である。ちょっと身じろぎしただけでぐらっときて、黒い水がすばやく浸入する。聞こえるのは、カエルや虫の声、夜啼《な》く鳥、カイを漕《こ》ぐシュパッ、シュパッ、という規則正しい音のみ。締めつけられるような圧迫感に平衡感覚が失われそうである。

魚がすごい。跳ねるなんてものではない。背びれを見せながら水面をものすごいスピードで走り回るやつもいれば、ピューッと弾丸のように宙に飛び上がり、きれいな弧を描いて何メートルも飛んでいくやつもいる。そのうち、そういう魚たちが、まるで私たちに見せつけるかのようにカヌーのまわりで激しく舞い始めた。次から次へと魚たちが闇の中に飛び上がり、身を翻しては、私の照らすライトの光に銀色のうろこをきらめかせる。魚の花火だ。

月のない夜は、ピラニアが活動せず、ほかの魚たちが、それを喜んでダンスを踊るというが、見方によっては、聖なる世界に侵入してきたわれわれに怒っているようにも見えなくもない。もし、たった一人だったら、そうとうに恐ろしいだろうと思われた。

さて、お目当てのワニは、たくさんいた。草の生えた水際をライトで照らすと、オレンジ色に光る目の三つや四つは、たやすく見つかる。ただし、いずれも小さい。かなり離れたところからでも、光る両の目の間隔で大きいか小さいかくらいわかる。だいたい、全長〇・五～一・二メートルくらい。中には、手が届くところまで接近しても逃げないやつがいる。ボールペンの先っちょで頭を突っついてやると、あわてて水の中に逃げたりする。いとマヌケである。

アマゾンではどういうわけか、あまり鮮やかな星空にはお目にかかれないのだが、その晩は、途中から星が珍しく輝き出した。夜風も心地好い。

ただ一つ参るのはジョアキンじいさんで、彼の唯一最大の悪癖を全開にし、私が聞いていようがいまいがおかまいなしに喋り続ける。話に興が乗ると、身振り手振りが混じり、こうなるとカヌーも前に進まない。とはいうものの、喋っている最中に、ふと気づいてモリをとり、水中に投げつけると、見事にパクー（アマゾンの代表的な魚の一つ）などを捕えたりするので、あなどれない。

魚が暴れるのは、時間と場所によるようで、二時間ほどもすると、小さい魚すらあまり跳ねない。ワニも小物しかおらず、われわれは小物には用はないので、ひたすらカヌーの周遊を続ける。

結局、帰ったのは朝の八時頃、五時間以上のクルーズだったが、いったい、そんな長い時間をどうやって過ごしたのか、よく憶えていない。

ワニ狩りの続きは翌日となる。夜の二時、今度はハイムンドじいさんに叩き起こされたのはもちろん、鈴木さんである。彼は、昼の写真撮影でそうとう疲れており、「勘弁してもらいたいな」などとこぼしていたが、当然のごとく、そんなわがままは許されない。私たちとじいさんたちは、ガイドと客をとっくに超えて、ほとんど師匠と弟子と化していた。彼は寝床から引きずり出され、カヌーに乗せられた。まったく、恐るべきジャングル・ツアーである。

さて、最初のうちは写真撮影が目的だったから、狩りはしない。もっとも、小ワニばかりで、ハイムンドは、ワニを見つけるとカヌーで近づき、片っ端から手づかみにしてはカメラの前に差し出す。写真を撮ると、また、それらをポイポイ水の中に投げ捨てる。

夜が白み始めた頃、彼らはかなり大きそうなワニを発見した。今度は獲るつもりらしくハイムンドは右手で引き綱のついたモリをつかみ、左手でカイを静かに操りながら、そおーっとワニの背後に忍び寄る。そして、至近距離からモリをほとんど垂直にワニの首筋に打ち込んだ。その瞬間、ワニは、猛烈な勢いで暴れ出し、気も狂わんばかりに尾っぽを振り回して、バッシャンバッシャン水しぶきをあげる。一方、カヌー上のカメラマンは頭からその飛沫《しぶき》を浴び、商売道具がびしょ濡《ぬ》れになるわ、カヌーが揺れて転覆しそうになるわで、慌てふためき「ワーッ、ワーッ、ワーッ……」と騒いでジタバタする。

かくして、ワニとカメラマンがギャーギャー騒いで暴れる中、ひとりハイムンドじいさんは大笑いしながら、ワニに刺さったモリの先端に結わえられている引き綱をつかみ、膝《ひざ》上《うえ》くらいの深さしかない水際に降りて、陽気にワニを引きずり回しだした。

やがて、疲れたワニの動きが鈍るのを見ると、岸に上陸し、獲物をずるずると陸に引き上げた。こうなると、ワニはさして抵抗しないでおとなしくなるという。すると、じいさんは、眉《まゆ》をしかめ、「ウォッフォー、ウォッフォー……」と動物の唸り声らしき奇妙な音声を発しながらゆっくりとワニに近づいていく。後で聞くと、それはオンサ（ジャガー）の鳴き声だという。「ジャカレ（ワニ）の天敵はオンサだけだ。だから、オンサのふりをすれば、ジャカレは襲ってこない」という。

さて、十分近寄ると、ハイムンドは一気に足を伸ばし、バコッとワニの頭を踏んづけた。最後は、ナイフで首を一撃し、止《と》めを刺した。そして、そのままでは大きすぎるので、ぐるぐる丸めてカヌーに積み込んで帰った。

私が目覚めたとき、目の前に血だらけのワニとずぶ濡れのカメラマンがいた。二人（二四）は同じくらいの大きさだった。

ジョアキンは喜び、さっそく手際よくさばく。これは昼飯になったが、うまかった。白身のあっさりした肉で、口に入れたときは魚のようだが、よくかんで飲み込む段になると鶏肉の味になっているという不思議な肉で、さすが爬虫類《はちゆうるい》というしかない。

もちろん、全部は食い切れないので、うまそうな部分だけ切り取って、残骸《ざんがい》は放置した。

「これはこのままでいいのか」と、じいさんにきくと、彼は、「見ろ」と遠くを指さした。はるか彼方《かなた》の大木の梢《こずえ》にウルブー（ハゲタカ）が何羽も集まってこちらをうかがっていた。

ピラニアは、ほんとうに人を襲うのか

アマゾンに限らず、熱帯に住む人々はえてしてそうなのだが、徹夜明けでも絶対に朝寝たりはしない。朝は、一日のうちで最も貴重な時間である。疲れを知らないジョアキンは私と一晩中湖をうろついた翌朝も、鈴木さんを従え、船のごく近くで釣りを始める。

朝が活動の時間であることは、動物たちにとっても同じようで、ブォッ、ブォッというホエザルの大音響が森に響き渡り、もっと小型のサルの群れが船をつないである大木の周囲で、キャッキャいいながら木の梢を飛び移り、朝飯の果物をむさぼっている。

さて、われわれの食糧は、どうなっているか。十分もしないうちに、ジョアキンじいさんが二〇センチ大のオレンジ色のピラニアを釣り上げた。この地域には、赤・白・黒の三種類のピラニアがいるそうだが、これは最も小さい赤ピラニア（現地風にいえば、ピラーニャ・ベルメーリャ）だ。

写真に撮ろうとして、一つ妙なことに気づいた。この魚には唇のようなものがあり、例の鋭い歯並びがほとんど見えないのだ。私と鈴木さんが、顔を見合わせていると、じいさんは心得たもので、「ちょっと待て」と言ってナイフを取り出し、魚の下唇を切り取って、歯をむき出しにした。むむむ、いつも見るピラニアの写真はヤラセだったのか。

われわれも慣習に従って、このあまりに有名な魚のおどろおどろしい写真を撮り、ピラニア氏は、台所に回された。

名コックでもあるジョアキンじいさんが、さっそく、煮込みをつくってくれる。ぶつ切りのピラニアは、少し泥臭いが、意外に淡泊で悪くない。このスープに、ファリーニャをかけて飯をぶち込み、ピメンタ（トウガラシ）とライムのひとしずくでもたらして、よくかきまぜたら、これこそ〝アマゾン・スペシャル・ランチ〟の名にふさわしい。

「ピラーニャ・ジ・ジョアキン、オッチモ！（ジョアキンのピラニアは最高だぜ！）」と船頭のじいさんがサジを振り回しながら楽しそうに叫ぶと、ガイドのじいさんは、照れ臭そうに、にこっと笑った。

食休みをしていると、近所に住む少年が二人カヌーでやってきた。一人が、ピラニアに手を咬まれたので治療してほしいという。

外国の辺鄙《へんぴ》な地に行くと、胃腸薬をくれとか、マラリアの薬が欲しいとか、切り傷にバンソウコウを貼ってくれ、などと現地の人間に頼まれることが多く、私も常に薬品を多めに持っていくことにしているが、アマゾンの患者第一号がなんとピラニアの犠牲者であったというのは、話が出来すぎである。

ピラニアを釣り上げたとき、手でつかもうとして咬まれたらしいが、見ると、人差し指

唇を切った"ヤラセ"のピラニア

丸めてカヌーに積み込まれたワニ

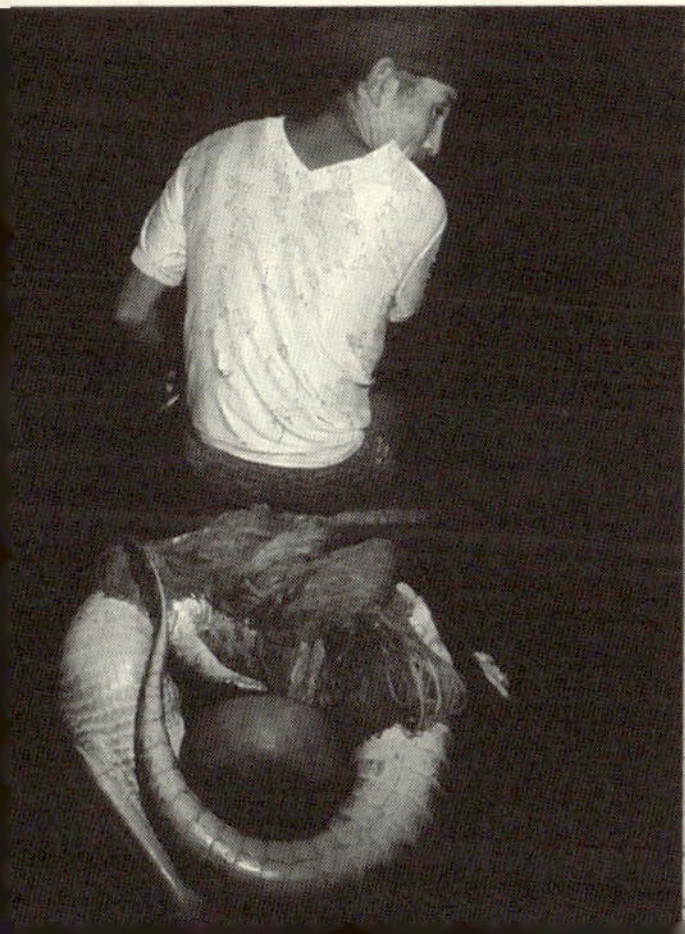

ジョアキンじいさんとワニを持つ著者

と中指の二ヵ所がぐっさりえぐられ、肉が露出している。どんな動物に咬まれても、どんな刃物で傷つけてもこうはならないだろうと思われる三日月状の傷だった。もう、化膿《かのう》しかかっており、消毒薬をつけると、その十歳くらいの少年は、ウッとうめいたが、唇を噛んで耐えていた。こうしてアマゾンの男は強くなる、か。

午後は暑くなってきたので、水に飛び込む。さすがに、私も、昼飯にピラニアを食って、ピラニア患者を治療した直後に、さっきピラニアを釣り上げたその場所で泳ぐのは、全く何とも思わないわけではなかったが、ピラニアはふつう人を襲うことはないと話に聞いていたので、構わず泳いでみる。もし、これで大丈夫ならその話は正しいということだし、大丈夫でなければ、その話は間違っているということだ。その話が間違っていた場合は、なるべく急いで水から上がろうと思いながら、水に飛び込んだ。

……何も起こらない。船の上で成り行きを見守っている鈴木さんに「ほら、何ともないですよ！」と誇らしげに報告した私だが、足に水草がからまったとき一瞬全身に鳥肌がたったことは、もちろん誰も知らない。

ピラニアを呼び集めるのは水面をパシャパシャ叩くことだというので、これ以上はないという挑発（？）でバタフライを派手にやったが、気配は皆無であった。

ピラニアはほんとうに危険なのであろうか。

ブラジル在住作家、醍醐麻沙夫の『アマゾン・クライマックス』（新潮文庫）という本では、ピラニアの危険性について、「時期と場所による」とし、「ほんとうにピラニアが危険な場所にある人家の洗い場は、一〇センチほどの水深のところにある。目の前にいくらでも水があるのに不自由な話だが、それより深いと危ないのである」と述べられているが、本当であろうか。

ジョアキン先生に後できくと、「わしはアマゾンに六十三年生きて、ガイドとしていろいろなところへ行ったが、ピラニアが人を襲ったとかいう話は見たことも聞いたこともない」とおっしゃっておった。

私が見聞きした範囲では、どうも「ピラニアはふつう人を襲わない」という最初の定説に落ち着くようである。自分より極端に大きい動物を捕食する動物が果たしているのだろうか。よく聞く話では、ピラニアは血の匂いを嗅《か》ぎつけて集まるという。これは事実らしい。溺《おぼ》れかかった人が襲われるという話もある。また、釣った魚を引き上げる前にピラニアに食われていることがよくあるという。

共通したことは、何か。どれもみな、犠牲者がふつうの状態にないということだ。しかし、死にかけていたり、ピンチに陥ったりしていることを、どうしてピラニアはとっさに判断できるのだろうか？　そもそも、どうしてふつうの状態で捕食しないような大きな生物を、それが弱っているときだけねらうのか。ピラニアが群れをなしているのだ。そいつらが襲いかかれば、どんなに元気な動物・魚もひとたまりもないはずだが。

ここまで考えると、科学者などではなく、ただの無責任かつ自由な旅行者の想像は飛躍する。

動物には生命力の発するオーラみたいなものがバリヤーのように身体を包んでいるのではないか？　つまり、どの動物にも、決まった長さの寿命があるように、決まった大きさの生命力オーラが鎧《よろい》のように身を守っており、そのオーラの力関係によって食ったり食われたりするのじゃなかろうか。だから、ある動物の生命が危機に瀕《ひん》すると、まるでひびの入った防波堤に水圧がドッとかかるように、それまでは何でもなかったもっと生命力の低い他の動物が突然、牙《きば》を剝《む》いて襲いかかってくるのではなかろうか？

夕方、にわか雨をやりすごしてから、私は鈴木さんと自らピラニア釣りに出陣する。見よう見まねでカイを操り、いっぱしの漁師のような顔をするが、実はカヌーはくるくる回ってなかなか前に進まない。イガラペと呼ばれる浸水林の入江にようやく入り、釣り糸を垂れる。エサもピラニア。二人とも釣りは全く素人なので、合わせるタイミングがわからない。

暗くなりかけた頃、やっと私が一匹ものにした。二〇センチほどの黒ピラニア。カヌーに上げると、口から針がはずれ、私たちの足もとを暴れ回る。こういうときが一番けがをしやすい。

「わっ、危ないっ、早く頭にナイフを入れろ！」と日頃は冷静な鈴木さんが騒ぐ。何でも、ピラニアは頭のてっぺんに刃を入れると（筋が切れるのか神経がやられるのか知らないが）顎《あご》を動かせなくなる、とじいさんに教えてもらっていたのだ。漁師のテクニックを見せねば。私は慌ててそいつを手で押さえ、刃を突き立てる。おとなしくなったのでもう大丈夫かと思って、鈴木さんがおそるおそる顎を触るとまた突然バクッバクッと動かし、跳びはねた。

「わっ、わっ、まだだ、まだダメだ！」。私がぬめる魚を再び押さえ込み、さらに刃を突き立てると、魚の顎どころかエラも動かなくなった。「何だ、殺しちまったんじゃ、テクニックも何もないな」。二人は、顔を見合わせて笑った。

確かに、これだけ遊べる魚も珍しい。

魚を超えた魚・超魚ピラルク

ピラニアもワニも、それぞれに楽しませてくれたが、今回のこの原初的ジャングル・ツアーで、われわれが最も熱心に取り組んだ——といえば聞こえはいいが、実は、ただ、「見たい、見たい！」と、ダダをこねた対象は、何といってもピラルクであった。

ピラルクについて初めに知ったのは、本の中である。まず、ご存じ開高健《かいこうたけし》の『オーパ！』（集英社文庫）。この中で、ピラニアやドラードといった名魚を押しのけるように、メインイベント的な扱いを受けているのが、ピラルクである。開高先生は、この大魚を一発釣り上げようとするが叶わない。しかたなく、今度はモリで一打ちにしようと、岸辺の水面に突き出た木の枝に腰かけて待つが、結局これも、神経の繊細さで魚に及ばず（つねに、魚のほうが先生より先に相手に気づくのだ）、敗退するのであった。

その次に読んだ『アマゾン・クライマックス』に至っては、『オーパ！』取材の際、開高健のガイドを務めた著者が、ピラルク釣りにあの手この手で挑むが、やはり結局は全て失敗に終わるというのをメインストーリーとした、まさに「ピラルクの本」なのであった。

私は、これらの本を読んで、ピラルクという魚よりも、たかが一つの魚にこれほどまでの情熱が傾けられることの方に驚かされたものだ。確かに、ピラルクは、文章の説明でもすごいことはすごい。全長が最大四メートル近くに達し（現在は、こんな大きなやつはもういないらしいが）、一部では、世界最大の淡水魚と紹介されることもあるが、それは誤りで、アマゾンと東南アジアにもっと大きなナマズがいるので、正確には、世界最大の有《ゆう》鱗魚《りんぎょ》（つまり、ウロコのある魚）ということになるらしい。

また、この魚は、一億年以上もその姿を変えずに、生き延びてきた古代魚であるという。一億年と言えば、大陸移動説でいう超大陸パンゲアから分離したゴンドワナ大陸がさらに南米とアフリカに分かれたころ、地質年代でいうなら中生代は白亜紀、つまり、チラノザウルスが陸上を跋扈《ばっこ》し、プテラノドンが飛びかっていた時代に、すでにピラルクはゆうゆうと泳いでいたことになる。

肺呼吸を行い、十〜十五分に一回、水面に現れて酸素を吸う。それでいて、置き釣りでたまに偶然引っかかる以外は、ちゃんと釣り上げられた記録がない。比類ないくらいに用心深い魚で、人のたてる物音に敏感であるうえ、釣り糸を垂れても、すぐエサをピラニアに食われてしまう。ピラルクのいるところは、ピラニアの集まる場所でもあるという。理由はわからない。生態に関しても、あまり詳しいことはわかっていない。実に不思議な魚である。

しかし、私が、釣り師たちの情熱を初めて（しかも一発で）理解したのは、マナウスの自然科学博物館の大きな水槽にて、本物のピラルクにお目にかかったときであった。どちらも全長二メートルくらいの二匹のつがいであったが、この夫婦はたいへんに仲が良く、つねにぴったり寄り添って、「何をするのもいっしょ」という風情《ふぜい》である。ピラルクの夫婦は、片方が死ぬまでずっと共に生活し続けると言われ、こんな大きな動物――そろそろ「魚」という気がしなくなってきた――が、一生このように仲良くし続けることを想像するだけで感じ入る。オシドリ夫婦ならぬピラルク夫婦だ。

そして、その二匹が、一匹ずつ、ヌーッと扁平な顔を小さな窓に寄せ、大きな丸い目をキョトキョト動かし、至近距離でこちらをじーっと眺めてから、もったいぶった態度でドレスのような尾をひらりと振り、ふあーっと夢見るように通りすぎる。それを見ているだけで、私たちは二人とも夢中になり、何十分も窓にしがみつき、興奮したカメラマンの鈴木さんは、ガラス越しの撮影が極めて難しいのがわかっていながら、フィルム二本をあっという間に使い果たしてしまった。

とにかく、見れば見るほど魚に思えない。だいたい、水槽の中から見物人の顔をまじまじと観察する魚なんているか。しかも、こっちを見つめて、明らかに何か考えているようなのだ。私の思い過ごしだろうか？

「いや、絶対にこいつは、おれたちを見て、何か思っている！」と、ときどき無責任な断言をする癖のある鈴木さんも叫んだ。

思考する魚。思考していることが、はた目から感じられる魚。それから、あの、いったい自分を何様と思っているのかわからない超然とした態度。実際、ここで仕事をしているおばさんの話だと、エサをやり忘れたりすると、催促してぼっしゃんぼっしゃん跳びはねたり、人見知りが激しいというから、ほとんど犬である。

ちなみに、ピラルクは、日本でも見ることができる。すっかりピラルク・ファンになった私が、このずっと後、日本に帰ってから、都内の主な三つの水族館に問い合わせたところ、どの館にもいることがわかった。念のため、頭数と大きさを確かめた。大きいことと、つがいであることが、ピラルクにとって重要だ（ある水族館では、「七〇センチのものが一匹、五万二〇〇〇円です」という答えが返ってきて、びっくりした。何か、勘違いしている。ただの客で、魚の数と大きさを電話で問い合わせる人間はそうそういないのだろう。しかし、たった一匹しかいないピラルクを、安値で売り飛ばそうという態度には、一ファンとして納得できない）。

その結果、一匹だけしかいないが、一・八メートルといちばん大きいピラルクを上野動物園の水族館に見に行った。確かに、人目を引いてはいたが、他の魚に較べ、特にこちらを観察しているようには見えず、超然ともしておらず、あまり「魚離れ」していなかった。年齢のせいか、環境のせいか、独り者のせいかはわからない。

ピラルクは、私が思っていたよりもメジャーな魚のようだ。この前、あるフランスの映画を見ていたら、パリの水族館で主人公のカップルが会話するシーンがあり、バックがアマゾンのナマズとピラルク（まだ、思考できそうなほど大きくはなかったが）だったのは嬉しかった。

ピラルクは、パリにも住んでいる。

映画で思い出したが——と、どんどん脱線するが——、『フィッツカラルド』というアマゾンを舞台とした、ドイツの映画がある。アマゾンがゴム景気で沸き返っていた一九世紀末、フィッツカラルドという一風変わったドイツ人が、ペルーのイキトスに、マナウスにあるのと同じくらい立派なオペラハウスを建てたいという一心で（全く、ドイツ人ってやつは!) 捨て身の大奮闘を繰り広げる。その特殊な情熱と、結局それが実らぬ努力だったという意味で、何やら、ピラルク釣り師たちの話と相通ずるものがなくはない。

ちなみに、アマゾンに関する話には、フィクション、ノンフィクションを問わず、こういう展開のものがひじょうに多い。身に余るような野心の持ち主が、部外者には理解できないような情熱を傾けるが、最後は、大自然もしくはそれを含む現実に直面して敗退するという筋書きである。

例えば、黄金郷《エル・ドラード》を見つけるべく密林の奥深くに足を踏み入れたあげく、しまいには、病気・飢え・先住民との抗争で全滅してしまう欲深者たちが、アマゾン河の「発見者」であったわけだし、今世紀に入ってから現在に至るまで、フォード社のゴム園をはじめとする大資本による大プロジェクトが、ことごとく失敗に終わっているという事実も、アマゾンならではの現象かもしれない。

さてさて、フィッツカラルドだが、物語の最初のほうで、主人公がイキトスの金持ち(もちろんヨーロッパ人)にオペラハウス建設の寄付金を頼むシーンがある。金持ちのオヤジは、一笑して、自分の庭にある池を彼に見せる。そして、彼の目の前で札びらを数枚、財布から抜き取って池に投げ込む。すると、水面に大きな魚がふわーっと浮いてきて、どういうわけか、小額の紙幣は無視し、高額の紙幣をパクッと一呑《ひとの》みにし、また水中に消えていく。すると、オヤジは大笑いして、フィッツカラルドにこう言う。

「ほら見たか？　魚だって、金の価値を知っとる。誰が、何の得にもならないお前さんのオペラハウスとやらに、金を投げ出すっていうのかね？」

そして、この、とつぜん水面に現れ、高額紙幣だけを丸呑みにするというマヌケな役を演じていたのが、われらがピラルク先生であった。

ピラルクに紙幣をパクつくという習性があるのか、それとも、誰かがそういうふうにしつけたのか、未《いま》だに謎《なぞ》である。しかし、犬並みの知能があるのだから（と、もう決めてかかっているが）、教えたらそのくらいのことはやるのかもしれない。

ピラルクは、映画にも出演している。


ま、そんなようなわけで、カトゥアに着いた翌日から、毎日、ピラルクを見ようと、カヌーを出した。別に、何も難しいことをするわけではない。前に述べたようにピラルクは呼吸のため、ときおり、水面に顔を出す。そのとき、酸欠のコイのようにただパクパクやったりせず、バシャッと跳ねる。その瞬間を一目見たかったのだ（あのドレスのような尾を一振りするのだろうか？）。

しかし、これが実はすごく「難しいこと」だということがわかった。何しろ、この広い湖のどこに、いつ、現れるのか、まったく予想もつかない。バシャッと音がするのを聞いてから、そこを見ても、もう同心円の波紋しかない。その波紋を見つめていると、今度は背後でバシャッと聞こえる。慌てて振り返れば、また波紋……この繰り返しで、ピラルクのモグラ叩き的なワナにはまっている。これはちょっとマヌケが過ぎる。ピラルクの知能以前にこっちの思慮が足りない。

結局、できるだけ、ピラルクのいそうなところへ行って、偶然、やつが自分の目の前に現れるのをひたすら待つしかないのだ。ピラルクは、前にも言ったように、たいへん敏感な魚なので、決して音をたててはいけない。身じろぎひとつせず、一時間も二時間も黙って波ひとつ立たない水面を見つめていたりするはめになる。

これは、まさにピラルク漁師の方法だ。ピラルク漁師は一日中、この体勢で水を見つめていられるらしいが、もちろん、われわれにはそんなこらえ性はなく、二時間もすれば飽きる。

飽きれば飽きたで、ピラニア釣りをしたり、水の中に首までつかって小魚をしゅるしゅる丸呑みしている水鳥を眺めたり、船の屋根で寝そべったり、ときには上陸して、森を歩いたりもできる。アマゾン本流域は、カピバラやバクといった大型動物はかなり減少しており、簡単には見られないが、それでも、テレビのドキュメンタリー番組や本でしか知らない生き物に不意に出くわしたりする。

例えば、用を足そうと思って茂みの中に入ってしゃがむと、目の前にハキリアリの一群がいた。木の葉を切り取って、それを巣穴に運び、そこにキノコを栽培して食糧とするという、人類が誕生する以前から農業まがいのことをやっている中南米きっての珍アリだ。

前々から、見てみたかったこのアリが、手際よく葉を噛み切っては、巨大な緑のプラカードのように頭上高々と掲げ、行列をなして、ジャングルの奥へと運んでいくのを、見られたのは嬉しかった。しかも、ウンコしながらなだけに、〝得した〟気分であった。

ちなみに、このときはさらに〝得した〟ことに、巨大な老木の洞の中で逆さにぶらさがって昼寝をしていた吸血コウモリにも出くわした。こいつは夜になると、人家に飛んでいって牛や馬などの家畜はもちろん、ときには人の血も吸うらしい。ジョアキンじいさんも、何度も吸われたという。「夜、寝ていて、何か変だなと目が覚めると、コウモリが足の裏にたかって血を吸ってるんだ」

何だか、ドラキュラ的に首筋にかみついて血を吸うのだとばかり思っていたが、考えてみれば、別にどこでもいいのだ。でも、足の裏から吸血するとは、ちょっと間が抜けていないか。目が覚めて、身体に蚊がたかっているだけでも、よんどころのない憤りを感じるというのに、足の裏にいつの間にかでかいコウモリがたかっているとは。

洞の上のほうにぶら下がっているので、下からストロボをたいて写真をとると、フラッシュの光が発するごとに、まるで、パンチをくらったサンドバッグのように、吸血コウモリはぐらぐら揺れた。

三日目だったか四日目だったか、私たちが例によって、ピラルクに翻弄《ほんろう》され、うろうろしていると、ジョアキンの知り合いの漁師が通りかかった。この辺はあまりにアブやブユが多いこともあり、その日は、近くの岸辺にある彼の一軒家に泊めてもらう。家の前に、表札がわりに、前日獲ったばかりのピラルクの開きが干してある。

ここに生まれ育ったという歯の欠けた人の好い漁師のおじさんは、まるっきり欧米人、それも教育を受けた人のような顔をしていた。奥さんと娘も欧米の古い映画に見られるように右手で握手をし、左手を相手の肩か腕に軽くあてがい「ようこそいらっしゃいました」と微笑する。ブラジルにおけるヨーロッパの根の深さを知らされる思いだ。もちろん、みな裸足で森を歩くことができるカボクロである。

カトゥアに来てからというもの、日中はもちろんフルに、ときには夜も活動するので、いいかげん疲れてきていたが、私たちの二人のガイドは、あまりに元気すぎて、全然こちらを休ませてくれない。家に着くと、さっそく周囲の森を歩き回る。

こうなると、ジョアキンじいさんの独壇場で、一メートルごとに立ち止まり、木の葉っぱやそこらの雑草をちぎっては、「これは肝臓の病気に効く」とか「これは××の動物が食う」と片っ端から説明しまくり、何と土地の所有者であるおじさんも、私たちと一緒に感心して聞き入る。

しまいに、じいさんは、一本の木を指さし、これも役に立つ木だとか言いながら、幹に傷をつけ、皮をべりべりと剝《は》いだ。どうも、その皮の繊維が縄になるらしい。「何に使うかというと、例えば……」と、その縄を足に結わえ、近くにあった三〇メートルもあるヤシの木にするする登っていってしまった。あっという間にじいさんの姿は小さくなり、ほかの高い木の枝葉の茂みの向こうに消えていった。天に登ってしまった子供の話を思い出した。

私たちが、呆気《あっけ》にとられて上をみつめていると、突然、シューッと音を立て、天からじいさんが猛烈な勢いで降ってきた。わっ！　と思った瞬間、地面の一メートル手前で、じいさんはピタリと幹にしがみついて止まり、汗をかきながら、そのままセミみたいなかっこうで、こう言った。

「……例えば、こうやって使う」

いささか、気合いの入った説明だった。私はこの木の皮の用法を一生忘れないだろう。

夜は、おじさんの家で——高床で広くて居心地が良かった——魚料理をごちそうになった。みんな、他の魚など見向きもせず、ピラルクに手を出すので、たちまちなくなり、ちょっとしか食えなかったほどの人気だった。

ピラルクに執念を燃やすわれわれは、また場所を変え、カヌーを浮かべるが、やはりパッとせず、ついにカトゥアを出ることにする。本流を少し行ったところに、ピラルクがボッシャンボッシャンやっている場所があるという。

しかし、ここで、いいかげんな私らは、なぜか急にマナティが見たくなり、この辺では唯一人と言われる〝マナティ獲りの名人〟に会いに行く。これまた年季の入った「いかにも」というじいさんで、片方の足に靴下をはいていたが、これはエイに刺されたからだという。

アマゾンの住民にひじょうに恐れられているこの淡水エイは、ときに人家近くの川底にひそんでおり、知らずに踏みつけると、ジャガーの牙に匹敵する尾のトゲで一撃を食らわす。二十日前のことらしく、傷は治りかけていたが、ぐっさりとえぐれた跡を見せてくれた。

いくらも話をせず、何だかわからないうちに、名人のじいさんは、大きなモリとそれにつけるヒモと浮きを取り出し、丹念に準備を始めた。マナティ猟をやるつもりのようだった。マナティはその巨大で味の良い肉のため乱獲され、激減しており、今ではパンダなみの珍獣である。

「いや、殺す必要はないんです。見たいだけなんです」と私が急いで説明するが、じいさんは、うんうん頷《うなず》くばかりで手を休めようとしない。止め方を知らない古い機械を間違って動かしてしまったような気持ちになった。が、これは杞憂《きゆう》だったということが後でわかる。

船で少し走り、マナティのポイントまで行き、そこで二艘《そう》のカヌーに便乗する。私は名人のじいさんに従う。水に浸りながら生い茂っている岸辺の青い草が好物とのことで、茶色いマナティのフンがたくさん浮いている。そこをゆっくり移動する。

名人は一言も口をきかない。カヌーの先っぽにちょこんと座ったまま、身じろぎひとつせず、ただ、ときどき、首だけ左右に大きく動かして鋭い目で辺りを見渡す。いかにも名人という仕草だ。

しかし、肝心のマナティが出てこない。ひたすら黙って待つだけだ。

「これじゃあ、ピラルク漁と同じだ」。私は、たゆたう水の流れを見ながら嘆息した。私は、漁あるいは猟（以下二つひっくるめて「リョウ」と書く）というものが、ようやく少しわかってきた。

私のようなふつうの日本人はあまりに自然から離れてしまったので、その本当の姿すら想像できなくなっている。リョウというと、動物や魚を追いかけて殺す、ひじょうにダイナミックかつエキサイティングなものをイメージするのだが、それは間違いだ。

リョウに費やされる時間のほとんどは基本的に「待ち」なのだ。魚や動物のいそうなところへ行き、彼らが現れる、それも遠くではなく、間近に現れるのを、息をひそめ足音をたてずに待つ。勝負は一瞬だ。銃で撃とうが、モリで突こうが、チャンスは一度きりで、失敗すれば、また「待ち」をやり直さなければならない。

古今東西を問わず、リョウが男の仕事であるというのはわかる気がする。それは、女が、男より体力がないからでも残酷でないからでもなく（女にはリョウに必要な程度の力もあるし、十分に残酷でもある）、黙って何もしない時間を過ごすことができないからではないだろうか。

そんなことをつらつら考えながら三時間ほど過ぎたろうか、名人のじいさんが初めて私の方を振り向き、傾きかけた日と反対の方向を指さした。二〇〇メートルくらい離れた水面に、黒い点のようなものが浮かんでおり、しばらくツーッと移動して、フッと突然消えた。それが私とマナティ（正確にはマナティの鼻）との薄き縁であった。

母船に帰ると、みんな戻ってきていた。もちろん、成果なし。私たちが、「いやあ、難しい」と首を振ると、じいさんたちに反論された。

「難しくなんかない。四〜五日あれば、一頭くらいすぐだ」

三時間で、〝一瞬の鼻〟はどうも正当な報酬のようである。

最後に訪ねたピラルク名所、「チンボー」という変な名の湖は、本流から森の中を歩いて二十分ほど行ったところにある小さな丸い湖で、湿地性のジャングルが途切れて忽然と現れる様は、〝秘密の湖〟といった趣がある。他の場所と同様、ちっぽけなカヌーに乗り込み、しゅるしゅるしゅるしゅるーっと水面を静かに、しかし素早く横切っていくと、どぼーん、どぼーん、とあちらこちらでピラルクが跳ねる。間近で姿が見えることなどないということがもうわかっていたので、黙って遠くの水しぶきを見ていた。

漁のカヌーが十艘ほど出ており、そのうちの一つに、獲りたてのピラルクがのっかっていた。一・五メートルくらい。さほど大きくはないが、ハッと目が覚めるような威容がある。水中ではよくわからなかったが、「赤い魚」の名の通り（インディオの言葉で、ピラは魚、ウルクは赤い染料の実を指す）、身体の半ばから尾にかけてウロコが鮮やかな真紅に縁どられている。

この後、別の漁師のグループが二メートル以上ある巨大なピラルクを仕留めたが、私たちが駆けつけたときには、頭は切り取られ、焚《た》き火《び》にくべられていた。ピラルクの中でもいちばんうまいといわれる部分は、売らずに自分たちでさっそく食べるようだ。その、塩をかけた焼肉の頭をかじってみるが、身の締まりかたが魚ばなれしており、動物の肉のよう、そのうえ脂が乗り切っている。最高のうまさだ。

アマゾンの市場では、思ったほど大きな魚を見かけない。それは、一つには大きい魚は成長が早いことが多く、ふつう成長が早い魚は大味であるという理由によるらしい。ところが、ピラルクは成長が早く、うまい。例外中の例外なのだ。とことんまで不思議な魚である。

私が思うに、ふつうの〝おいしい魚〟は、個体がゆっくり時間をかけて育つ、その充実度が味に反映するのに対し、ピラルクは「生きた化石」と呼ばれる種そのものの恐るべき時間の充実度がそうさせているのではないだろうか。

ワニに始まり、ピラルクに終わる。思えば、楽しい一週間だった。時間が短かったので、思うように動物は見られなかったが、しかたない。

「一ヵ月もいたら、もっといろんなところへ行けていろんなものを見られたのに……」と帰りの船の中、ジョアキンじいさんは本当に残念そうだ。最後の最後まで、あくなき情熱を傾け、遠くの国から来た旅行者にまるで孫に話すように一生懸命、アマゾンの自然の豊かさや不思議さを伝えようとする彼の姿に心を打たれながらも、私たちは、身体をかきむしる手を休められない。

昼夜を問わず、アブ、ブユ、蚊、ダニ、刺しバエ……とありとあらゆる虫にやられ、全身、足の先からパンツの中まで、赤い跡だらけ、しかもそれがいつまでたっても、かゆい。ときどき、手が二本しかないのが耐え切れず、「わあっ」と叫んで、狂ったように、かきまくる。

これこそ、私たちがアマゾンの自然に支払った、ささやかな代償であった。

第七章 日本人の行商人に会った話

Telé II

テフェは、特に何もない、小さい穏やかな町だが、不思議と、いろいろな変わった経験をした。私が持っているのと同じ娼婦《しょうふ》の写真を持っているやつに出会ったとき（第三章参照）や、機関銃を持った男たちに襲われたとき（第十二章参照）も驚いたが、ジャングル・ツアーから帰った日の出来事も忘れられない。

テフェに着いたのは夕方だったが、まだ陽は残っているくらいの時間であった。宿に荷物を置くと、すぐ、また外に出た。やることがあった。

われわれは、実は全部で三人であった。もう一人、宮沢という男がいて、彼はペルーのリマから入り、アマゾン河の上流から下ってくる——つまり、こちら二人とは逆のルートをたどることになっていた。そうすれば、私たち上り組とは、同じアマゾンでも異なったものが見えるだろうという意図による。そして、ちょうど真ん中あたりで落ち合い、情報交換をしようということになり、待ち合わせの場所と時間を決めたのだが、それは「十二月一日～六日、テフェの市場の隣のバーにて」と、ただそれだけの極めていい加減なものであった。だいたい、テフェがどんなところなのかも知らないのだ。そして、ここは何が起こるかわからないアマゾンだ……。

その日が、十二月一日であった。宮沢は、来ているだろうか。

待ち合わせは、市場の隣のバーだが、この市場には、小さい飲み屋がごちゃごちゃたくさんあり、また、いくらなんでも、彼が忠犬ハチ公のように朝から晩までバーにへばりついているわけもない。

幸い、テフェは小さい町だった。ホテルも全部で四つしかない。こっちのほうが手っ取り早いだろうと思い、ホテルをあたってみるが、どこにも日本人は泊まってないという。ガッカリした。まだ、来ていないのだ。やはり、この大アマゾンのド真ん中での待ち合わせは、ちょっと無謀だったかと思いつつ、もうやることもないので、ぶらぶらと市場のほうへ歩いていった。

市場はこの町の中心地だけあって、一日中、人のざわめきが絶えない。建物の屋内にある魚や肉、野菜などのきちんと管理された売り場はさすがに閑散としていたが、その脇の路地ばたの露店は、まだ活気があった。パパイヤやオレンジなどの果物、缶詰や石けんなどの日用品、安そうなシャツやズボンの類《たぐ》いが、地べたに敷いた布の上に並べられ、オヤジやオバサンたちが、道行く人に威勢よく声をかける。その中を所在なげにぶらついていた私は、横の鈴木さんの大声でハッとした。

「あっ、宮沢だ！」

私は一瞬、どこに自分の友人がいるのか、さっぱりわからなかったが、よく見れば、すぐ目の前で、積んであるシャツの山を直している行商人の若い男がそうであった。

彼は変わり果てていた。ボサボサの髪、怪しい中国人のように伸びた無精ひげ、薄汚れた服、そして驚くくらいにヤセており、何だか宙に浮きそうな感じだった。そして、「カミーザ、バラート、カミーザ、バラート！（シャツが安いよ、シャツが安いよ！）」と、虚無的な明るさで通行人に声をかけていた。

おまけに、私たちを見て、何を彼が最初にしたかというと、ズボンを取り上げて売りつけようとした。条件反射がしみついているようだった。その次の瞬間、彼の顔には、微笑《ほほえ》むような、ため息をつくような、照れたような複雑な表情が浮かんだ。

「ブエノス・ディアス（やあ）！」と、彼はスペイン語で言い、手を差し出した。

「コモ・エスタス（元気かい）？」。私も言って、手を握った。

「ムイ・ビエーン（すごく元気だよ）！」。彼は答えた。

すごく元気なやつがどうしてこんなにヤセこけて、だいたい、ただの旅行者が、どうしてこんなところで行商をしているのか？

「いろいろあったんだよ」と、彼はようやく日本語でポツリと言った。

約一ヵ月前、宮沢は、予定通り、ペルーの首都リマに到着したはいいが、次の目的地であるプカルパへ飛ぶ当日、強盗に遭い、所持金の三分の二を奪われたのだった。

荷物を持って街をぶらぶらしているとき、二人組の警官にパスポートを見せろと言われ、さらに橋の下に連れていかれ、おもむろに銃をつきつけられた。彼らは、トラベラーズ・チェック全部にサインを強要し、さらにカメラと荷物の一部を持ち去った。

「警官に金を盗られた」と警察署へ行く気にもなれず、幸い、キャッシュで隠し持っていた所持金の三分の一相当は無事だったこともあり、任務に忠実な彼は、この衝撃にも動ずることなく、旅を続けた。しかし、彼を待ち受けていたのは、さらなる不運だった。

船旅の出発地点プカルパでは、なぜかテロリストと間違えられて逮捕され（いったい、ペルーの警察というのは何なんだ！）、二日間ブタ箱にぶち込まれた後、ようやく脱出、船に乗った。ブラジルの船とは較べものにならないほど粗末であったが、マンゴーを食いながらのんびりと過ごした日々は、彼の今回の旅の数少ない美しい想い出だった（プカルパはマンゴーの産地で、乗った船はマンゴー船だった）。

彼がトドメを刺されたのは、船の中、ブラジル・コロンビアとの国境に着いたときだった。「これで、やっとこペルーからおさらばできると思い、若干、気が緩んでいた」と彼は語る。

船は、ご存じの通り、ハンモックをそこら中に吊《つ》って寝るいわばざこ寝である。そして、ペルーはいたるところ泥棒だらけで、船もまたしかりである。彼は、首から吊《つる》す貴重品袋を持っていたのだが、その中に金を入れなかった。ペルーはインフレがすごい。イキトスでまとめて両替しといたので、札束が分厚くなってしまい、袋に入らなかったのは、不運と言うしかない。しかたなく、もっと大きいバッグに入れ、それを抱きしめて寝ていた。朝、目覚めて、自分が空っぽのバッグを抱きしめていることに気づいた彼のショックは、朝、自分が大きな虫に変身しているのに気づいたカフカの小説の主人公のそれに、勝るとも劣らなかったであろう。

ポケットにある残金は、ちょうどそこタバチンガからテフェまでの船代くらいだった。「よし、テフェまでは行ける」と、気を取り直した彼は、二日後に出発する予定のマナウス行きの船に早々と乗り込み（これで宿代を払わなくて済む）、本人曰《いわ》く「気合いの断食」を始めた。

こうして、二日間、ハンモックに寝そべって水だけで過ごしたが、三日目になると飢えがピークに達し、何しろただでさえ心労が重なっているのだ、このままでは死んでしまうと思い、なけなしの金を放出してパンを買いに行こうとするが、空腹のあまり真っすぐ歩けず、甲板の手すりにもたれてもがいているところを船員に発見され、以後、哀れに思った彼らから食事を与えられる。「これで食い物の心配もなくなった」という。

さて、船が出港し、三日かかってテフェに着いた。ちなみに、タバチンガ－マナウス間の定期船は、テフェには泊まらない。町が本流よりかなり引っ込んだところにあるせいかもしれない。だから、普通、テフェに行く客は、途中の町で船を乗り換えなければならない。

しかし、船に何日も前から乗り込んで、一文無しで、言葉もよくわからず、「テフェ、テフェ」と騒いでるわけのわからん外国人をかわいそうに思ったのだろう、何と宮沢を下ろすために船はテフェに寄港した（この辺がブラジル人のいいところというか、いいかげんなところである）。

夜中の二時、町に降り立ったのは、彼とペルー人の行商人のオヤジの二人だけだった。「これから、どうするんだ？」とオヤジに訊《き》かれ、「ホテルは閉まっているし、たとえ開いてたとしても、金がない」と正直に答えると、「じゃあ、おれたちのところへ来い」とオヤジは言った。このとき以来、このオヤジが彼の保護者兼雇用主となり、彼の行商人生活がスタートしたのである。

彼に聞くまで知らなかったが、また〝普通の旅行者〟であるわれわれが知る由もないことだが、この町外れにペルー人ばかり住む「ペルー人地区」とも呼べるような場所があり、行商人たちが中世ヨーロッパのギルドを思わせるような共同体を形成しているという。

行商人は、町に着くと、そういう仲間に宿と食事をあてがわれ、代わりに商品や売り上げの一部を置いていく。このようなシステムはアマゾンのどこにでもあり、ペルー人はペルー人、コロンビア人はコロンビア人同士で結束を固めているという。彼は、どうもそのペルー人ギルドに（しかもいちばんの下っ端として）組み込まれてしまったようである。

朝は四時に起き、一人で市場の横に品物を並べる。八時くらいになると、主人であるオヤジを起こしに行き、彼は朝飯を食う。少し休んでから、また仕事場に戻り、抜け目ないオヤジの指示に従って、日や時間によって値段を変えながら品を売ったり、使い走りをして一日を過ごす。

もちろん、収入はない。昼に、オヤジが「これで何か食え」と言って一〇〇クルゼイロ（当時の通貨・約五〇円）くれるだけだ。一〇〇クルゼイロ！ 飯を食うどころかコーラ一本も買えない。彼は、それを使わずに貯めることにしたという。夜は、家に帰り飯を食って寝る。

しかし、言葉もろくにわからないくせに、こういう状況にうまく適応し、たちまちのうちに一介の行商人になってしまったというのは、全くもって彼の才能というしかない。

とはいうものの、さすがに客寄せパンダならぬ客寄せ東洋人として自分が利用されたときには悲しいものがあったようである。

彼は、少しばかりヨガをたしなんでおり、時間を見つけては蓮華坐《れんげざ》という座禅に近い姿勢で瞑想《めいそう》をしたりして、とかく乱れがちな心を落ち着けていたが、それをペルー人に発見されてしまい、裏目に出た。さっそく、パトロンのオヤジは彼を商品の横にすわらせ（もちろん蓮華坐で）、大声で呼ばわった。

「さあさあ、みなさん、これが東洋から来たヨガの行者だ。彼は何でも知っている」

あっという間に、人だかりができた。さらにオヤジが大マジメな顔で「彼の頭に触ると賢くなるよ！」と言うと、何でもすぐ信じてしまうブラジル人たちがわれ先にと瞑想中の（フリをした）彼の頭に手を伸ばしたという。それを見たオヤジは満面に笑みを浮かべ、おもむろに、自分の安物のシャツやズボンを紹介するのだ。「彼も、これを、売っている！」

またあるときは、宮沢の頭をいつまでもナデているおばさんがおり、オヤジがその人に「気に入ったんだったら、持っていってもいいよ、奥さん、五〇〇〇クルゼイロだ」と言うと、おばさんは慌てて手を引っ込め、「五〇〇〇？　とんでもないよ」と、ぷるぷる首を振った。

「自分が売りに出されて、五〇〇〇クルゼイロ（約二五〇〇円）でも高い、という会話がまじめに交わされていたときには、さすがに頭が爆発しそうになった」と本人は語る。彼が日本に帰ってから、蓮華坐を組むどころかヨガのヨの字も口にしなくなったのもうなずける。

私たちが彼を発見したのは、毎日の小遣いが九〇〇〇クルゼイロにたまったときであった。

行商人のオヤジは、宮沢と（あるいは彼の労働力と）別れるのが残念そうであったが、それでも一緒に喜んでくれて、記念だと、彼に、商品のシャツとズボンをプレゼントした。

それを身に着けヒゲを剃《そ》ると、ようやっと少しキレイになった。よく見ると、見慣れない時計と古い運動靴を履いている。これらも、ペルー人ギルドの仲間たちが、彼のボロ姿を可哀相《かわいそう》に思ってくれたらしい。

それにしても、上から下まで完全にペルー人からもらったもので固めた日本人旅行者というのも珍しい。身ぐるみはがされて、また身ぐるみ着せられたというところか。これもまた人生である。

最後になるが、このとき、私たちが首尾よく出会えたから良かったものの、もし、行き違いになっていたら彼はどうしていたのだろうか？（その可能性はいくらでもあったのだ）。

しかし、最後の切り札はちゃんとあったのだ。実は、宮沢君が行商をしているとき、彼に正式に交際を求めてきた女の子がいたのである。

「その娘は、十八歳で、金髪に青い眼の素晴らしい美人で、おまけに家はテフェでも指折りの裕福な家なんだ」と、彼の行商人仲間は、口から泡を飛ばさんばかりにして私に訴えた。どうして、そんな娘が宮沢にホレてしまったのか、謎《なぞ》である。よっぽど蓮華坐がイカシていたのだろうか？

彼女は、もちろん、彼が一文無しであることを知っており、「私はあなたにどこまでもついて行くわ、お金のことは心配しないでいいから」と宣言していたそうな。

まったく、こういう男は、どこでどんな目にあっても、生きて行けるようである。

第八章　南国の楽園にハマる

Jutaí

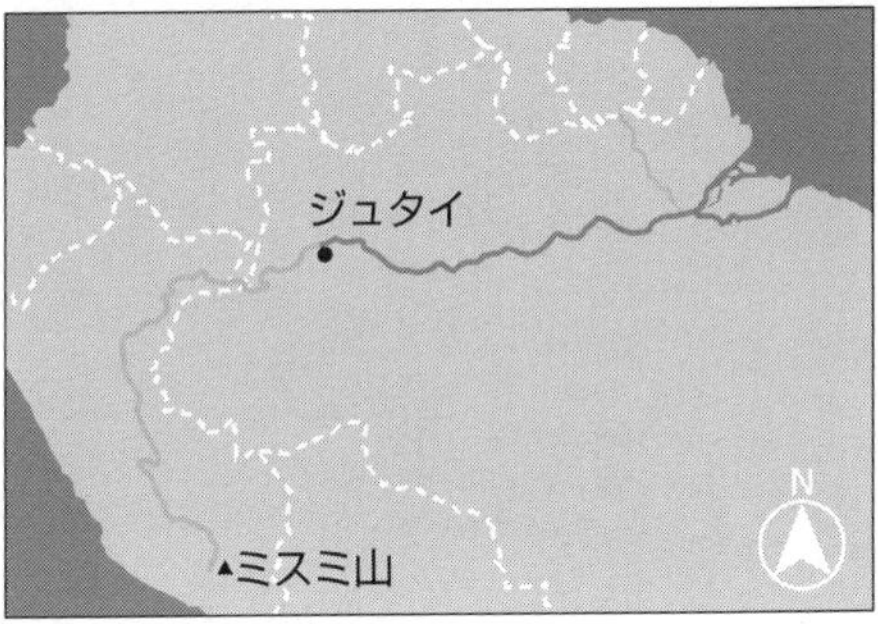

この町に着いたのは、ちょうど一日でもっとも暑い時間だった。小さな船着き場には、子供たちがたくさん集まっていた。私たちが降りると、ぞろぞろついてくる。よそものが珍しいようである。汗を流しながら、坂を上っていった。

この町には、宿屋が二つだけあった。両方とも名前がない。一本道の最初に出くわした宿屋では、部屋はあるが、ドアを開ける鍵《かぎ》がないと言う。そこから少し先にあるもう一つの宿屋は、おやじが昼間っからピンガをかっくらって酔っぱらっていた。どちらも商売をする気が全然ない。もっとも、おやじが飲んだくれくらいなら我慢できるが、部屋の鍵がなくては泊まれない。当然、後の宿に落ち着くことになる。

何もない——ほんとうに何もない、ジュタイは村といってもいいくらいの町だった。天然ゴムの積出し港だというので来てみたのだが、船着き場の暗い倉庫に薄汚れた消しゴムをでかくしたような、いわゆる生ゴムの塊が無造作に放り出されているだけのことであった。

ときどき、支流を奥に入ったところの村から、見るからにインディオの血が濃そうなカボクロが、カヌーに乗ってゴムを売りにやってくる。それが、ときには十歳にもならないような少年たちだったりもする。ゴムを秤《はかり》にのせ、金を受け取ると、倉庫の横の雑貨屋で、油や石けんなど、いくばくかの買い物をして、再び、身体には大きすぎるカイを何とか操って帰っていく。

きわめて無口なその少年たちに、一度、どこから来たんだと尋ねたことがある。短く「あっち」と言って、指さした。河と森があるだけだった。

それだけの町であった。

次の船が来るまで、何もすることがないので、アンデスの民族楽器であるケーナを吹いていた。

ときどき、気が向くと、町（村）をぶらぶらする。原色の花々があふれんばかりに咲き誇っている。ふかふかした毛糸のような毛皮のためウーリーモンキーと呼ばれる小ザルや七色の羽根が鮮やかなコンゴウインコを頭や肩に乗せた少年や少女が通りすぎる。

宿の横にある墓地に足を踏み入れたこともある。

植えられた花、散らばったローソクの箱、大きい十字架、小さい十字架。ジャングルに消えた無名者たちの墓。いちばん簡単な十字架は、二本の棒を組んで地面に直接さしてあるだけ。これがかつてここに人がひとり生きた証《あかし》だ。

遠くに高い樹が三本、手前には風にそよぐヤシの葉、真上から降り注ぐ強烈な日差し、無造作な白い十字架群、その中につっ立って汗を滴らせる私、水面に落ちる石のような

〝ポッチャン〟という深い音で啼《な》く森の鳥、ここはどこだろう、自分は何をしているのだろう……。

三日後、ようやく来た船は、ア然とする私たちの目の前を、よそよそしく通りすぎていった。また、ケーナを吹いて、町を歩き回った。

南国の楽園から脱出できたのは、一週間後のことであった。

第九章

船もたまには沈みそうになる

Jutaí–Tabatinga

船も六回も乗れば、いくらか変わったことも体験するってもんである。

四時か五時、ちょうど夕飯どきだったが、船がガクンと何かに引っかかるように急に止まり、同時にエンジン音も途絶える。私はてっきりモーターに木かなんかが引っかかったのだろうと思ったが、人々は、右往左往してざわめき出した。

向こうのほうで皿の落ちる音がし、子供たちがワーワー泣き出した。ご飯を落として泣いているのかと思ったら、母親までワンワン泣いている。これは飯をおっことして泣いてるんじゃないと気づいた。さらに、他の女たちも泣き始め、ふだんはうだうだしている男たちもいつになく緊張している。船がグググッと左側に傾き、天井から水がばしゃばしゃこぼれてきた。悲鳴があがった。

「いったい、どうしたんだ!?」

私は、すぐ脇を血相を変えて通ろうとする男を捕まえてきいた。

「ダメだ、船が沈む!」

私は呆気《あっけ》にとられた。人々は、天井にどの船も用意しているライフジャケットを装着し始め、もう必死である。

この時点で、われわれにも、事態が緊迫していることがわかった。運悪く、船は幅二キ

アマゾンの船旅はいろいろと乗客たちを親密にする…

ロほどある水路の真ん中を通っており、両岸とも相当に遠い。いったい何が原因なのかよくわからなかったが、船が沈没するか、ひっくり返るかするらしい。

私も鈴木さんもライフジャケットをつける。隣の若い女の子二人は気が動転してジャケットのつけ方がわからず、つけてもヒモが結べないので、手伝ってあげる。そのとき再び今度は右側へ大きくグラッと傾いた。

船はパニックに陥った。ハンモックにしがみつく者、わめきながら意味もなく船内を走り回る大男、二階にいるから、わかるわけがないのに「水が入ってきたぞ」と叫んでパニックをあおるオヤジ、自分だけは助かるべくライフジャケットを二つも重ねて着ている若い男。

いちばん悲惨なのは小さい子供や赤ん坊を連れた母親だ。船が転覆すれば子供たちがほぼ間違いなく溺《おぼ》れてしまうと思っている様子で、ただただ泣きわめくばかりで何もできない。まわりの人間も、そういう母親や泳ぎを知らない人たちが気も狂わんばかりになっているのを、構う余裕がない。

私は、少なくとも自分が死ぬことはないと思ったので、別にあわてはしなかったが、「これで、ついにこの〝無謀な旅〟の息が止まったな」と思い、「これじゃ、（機材が水に沈み）失業しちまう」と青くなった鈴木さんのカメラを少しでも多く、また貴重品であるノート類を私の防水のザックに詰める用意を始めた。

今までのことが全てパーになってしまうという絶望感――というより、「無」に近い気持ちと、ついに奇跡の瞬間がやってきた（これを待っていたのではないか⁉）という興奮に捉《とら》えられた。

私が、儀式の仕上げをするようにゆっくりと荷物を整理していた間、鈴木さんは、カメラを取り出し、大恐慌に見舞われた船の風景を撮りに出かけた。

しばらく膠着《こうちゃく》状態が続き、少しずつ、みんな落ち着いてきた。やがて、鈴木さんが帰ってきて、「乗組員は、それほど慌てた様子はなかった」と報告する。そのうち、モーターが再び音を立て始め、船は何とかかんとか苦境を脱し、航行を再開した。

後で聞いた話を総合すると、船はどうも浅瀬に乗り上げたようである。浅瀬といっても、これだけの大型船となると、喫水もかなり深いので、バランスを失ってひっくり返ったら、全部とは言わないまでもかなりの部分は沈没してしまう。実際、このような経緯でよく事故が発生し、死者がかなり出ているらしい。特に、これが夜だと恐ろしいことになろう。

そういうことを知っているので、乗客はあっという間にパニックに陥ったわけだ。私たちは、乗務員がわりと平気な顔をしていたので、そんなに危機に瀕《ひん》していたのではない、と思ったのだが、客の連中が言うには、「船員なんか、いざとなれば自分だけでサッサと逃げてしまうので、全く当てにならない」とのこと。言われてみれば、確かにそうだ。彼らには荷物もないし、基本的に日雇いと同じだから職を失うこともない。

さて、終わってみれば、客はみんな共通の体験をしたということで、急に親しくなり、「私は妹と抱き合って目をつぶっていた」とか「ぼくは泳げないんだ。心臓が止まるかと思ったよ」など、話し合っては大いに盛り上がっている。

ちなみに、この船には、大人でも泳げない人がかなり乗っていた。そういう人は、街の人だったり、ペルーの山岳地帯の出身だったりで、よくアマゾン河のことを知らない。「水に落ちたら最後、ピラニアや巨大ナマズに食われる」などと信じている人も多い。心臓が止まりかけても無理はない。

しばらくして、甲板の右端の一角が急に騒がしくなり、人がドドドーッと殺到する。心なしかエンジン音が弱くなったような気がして、私も急いで駆けつけると、何のことはない、マナウスから来た宣教師と神学生が説教を始めていた。

「信じるものは救われます。……」

この二人も、ついさっきまで、ほかの客と一緒になって船を右往左往していたはずだが。災い転じて商売と成す、か。

「それにしても」、と私は失業を免れて安堵《あんど》している鈴木カメラマンに言った。

「ブラジル人が必死になっている姿を初めて見ましたね」

第十章
ごたまぜの国境地帯

Tabatinga/Leticia

三国国境に到着

ジュタイを出て四日目の朝、国境のベンジャミン・コンスタンに到着した。すぐ目の前に、初めて見る赤と白の国旗をはためかせた小舟が見える。もう、そこはペルーなのだ。あー、やっとここまで来たんだな、という感慨が湧《わ》いてくる。ブラジルを横断したのだ。この町にはほとんど何もないので、たいていの乗客はここから対岸の町、タバチンガに向かう渡し船に乗り換える。「対岸」といってもアマゾン河のことである。船は今までと全く同じように、広い河だか湖だかわからない水路を延々と二時間も進み、ようやくタバチンガに着いた。

タバチンガは、まことに鄙《ひな》びた集落で、国境に位置する以外は何の取り柄もないようなところだが、上陸してすぐ、ばったり知り合いに会った。アマゾン本流の船旅の面白いところは、ルートが一本でしかも船も町も限られているため、途中で知り合いになった人間に何度も遭遇し、再会を楽しめることだ。

このとき会ったのは、テフェの船で一緒になった、はるかサルバドール出身の夫妻と二人の子供である。彼らはみな黒人系で、しかも身なりがよく、私たちと同じくらい船では目立った存在であった。珍しいヨソ者同士、仲良くなったわけだ。が、彼ら、アマゾンくんだりまで来て何をしている人なのか、わからない。

前に、「旅行か？」ときいたとき、もさもさのあご鬚《ひげ》を生やした旦那《だんな》は「旅行でもあり、仕事でもある」と謎《なぞ》めいた笑いを浮かべた。

もっとも、こちらも「じゃあ、君たちは？」と言われ、答えに困る。「うーん、旅行だけど、……仕事でもある」。

お互い正体不明である。

この地に来たことのある彼に、いろいろ教えてもらう。

まず、「タバチンガではなく、レティシアに泊まったほうがいい」と言われた。ここの

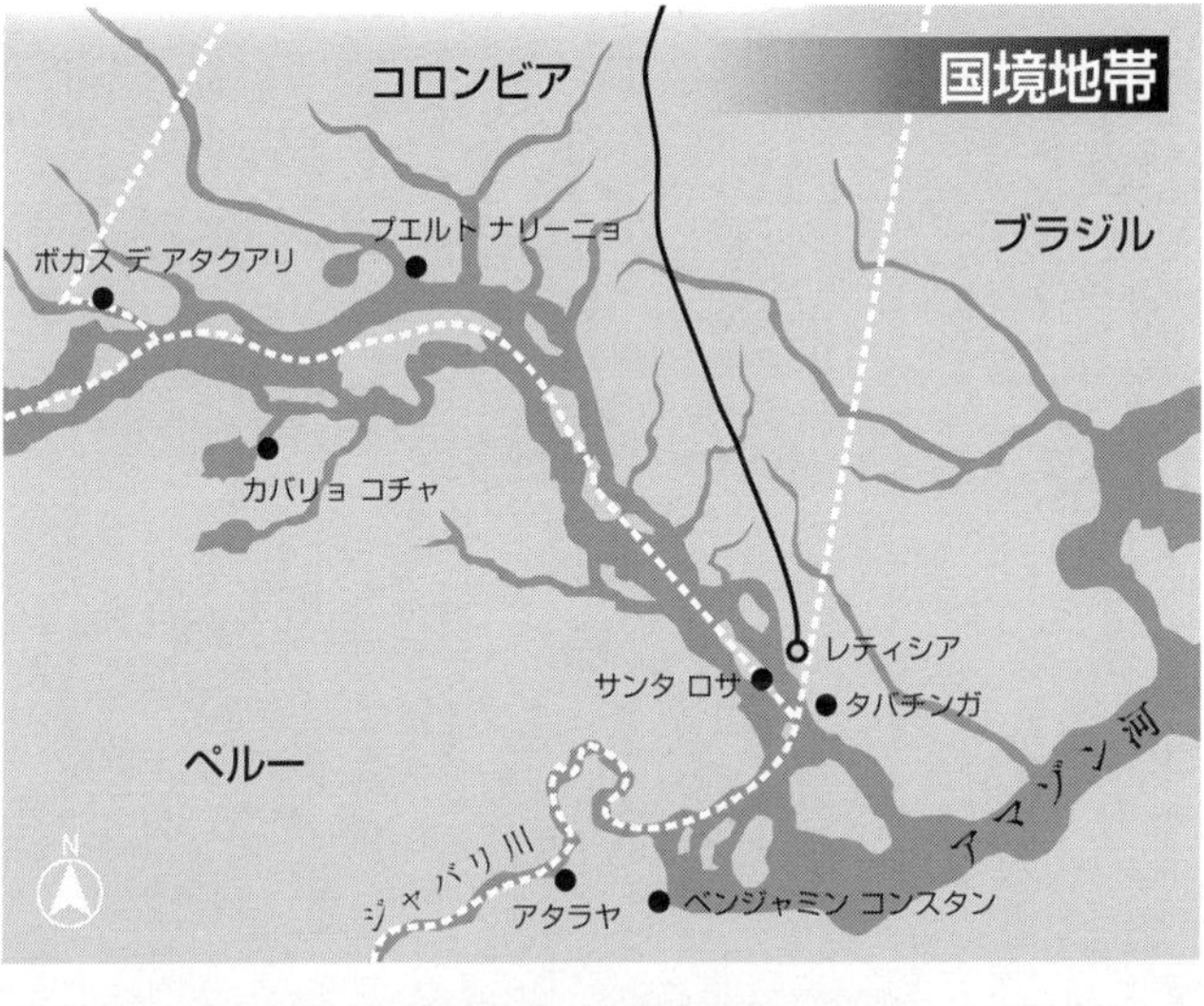

国境はあきれるほどルーズなので（ただ滞在するだけなら出入国の手続きはいらない）、どこの国に泊まっても問題ない。それは現地の人間も同じだから、コロンビア領のレティシアには、ブラジル人もペルー人もうろついている（ちなみに、ペルー領には、イミグレのオフィスと民家が数軒あるだけで、町はない）。

ところが悲惨なことに、「ペルー人は泥棒するから」という理由で、彼らはレティシアをうろつくのはともかく、住んだり滞在したりすることが禁止されている。だから、レティシアはタバチンガよりずっと安全だ、という（残念ながらこれは事実のようである）。

さらに、「レティシアではホテル・マニグアというのが安くてきれいで、お勧めだ。われわれも、明日からそっちに移るつもりだから、君たちもそうするといい」……。

さっそく、〝コレクティーボ〟と呼ばれるスペイン語諸国に特有のミニバスに乗り、レティシアに向かう。十分もしないうちに、町の中心部——セントロに着いた。

コロンビアへ

コレクティーボに乗っていても歩いていても、よほど気をつけていないと、いったいどこでブラジルからコロンビアに入ってしまうのか、わからない。何しろ、国境といっても、ただ両国の名が刻まれた石碑が道端の目立たないところに立っており、その真後ろ、つまり境界線にまたがって"国境"というそのものずばりの名だがあまり流行らないバーがあり、さらに道の向かいにモーテルの看板のようなノリで「ようこそコロンビアへ」と書いてあるだけなのだから、無理もない。

それなのに、町中まで行くと、雰囲気が一変していることに気づく。

レティシアは、コロンビア全体から見れば、飛行機でしか連絡がない「飛び地」みたいなところだ。コカインの積出しがある以外は何の役にも立っていない小さな町だが、いちおう、ブラジルのマナウス、ペルーのイキトスに相当するコロンビア・アマゾンの観光地ということになっているので、町の造りはかなりしっかりしている。

セントロに噴水の吹き上げる広場《プラサ》があり、その周辺にレストラン、ホテル、バー、トラベル・エージェンシーが軒を連ねているところは、小振りながらも久しぶりに「町らしいところに来たなあ」と感ずるはずだ。

しかし、私たちのような旅行者がさわやかなカルチャー・ショックを受けるのは、そんな外面でなく中身だ。

まず、当たり前だが、言葉がキレのいいスペイン語になる。段違いに聞き取りが楽なのでホッとするが、自分で喋《しゃべ》ろうとすると、ついポルトガル語になってしまう。私たち二人とも「ブラジル人には染まるまい」と気をつけていたつもりだが、どうやら二ヵ月もの間に思いっきり染まっていた模様である。

鈴木さんなどポルトガル語はまるっきし覚えなかったくせに、何か驚くことがあるたびに「オーパ！」と叫ぶのが完全に癖になっている。彼には不本意なことだろうが、南米の他の国で、反射的にオーパなどと叫んだりしたら、それだけでブラジル人と思われてもしかたない。

ちがうと言えば、格好もちがう。カウボーイ・ハットや麦わら帽子をかぶり、どんなに暑くともシャツやズボンを身につけ、足回りは革靴か長靴。車やバイクに混じり、この小ぎれいな町で、ときどき、馬に乗った人間が通る。西部劇を見るようだ。いまだに、開拓民の気分が抜けていない。

その一方で、頭に野菜や果物をのせたインディオのおばさんたちが、熱されたアスファルトや砂利道を裸足《はだし》でひたひたと歩き行く。

〃味の素〃ならぬ〃色の素〃と地元の人たちが呼んで愛用するうこんをベースに、にんじん、じゃがいもなどの野菜と鳥肉とご飯をごたまぜにし、熱帯性の大きな葉っぱでくるんだ「タマリ」や、チーズとご飯をだんごにこねて平べったくして、炭火で焼く「アレパ」とかいった奇抜だがおいしい食い物を屋台でホクホク言いながら食うことができる。

そして、町中《まちじゅう》を洪水のように浸す、サルサやメレンゲといったいわゆる〃ラテン〃のリズム。それは、アマゾンという一種の閉塞《へいそく》地帯、緑のトンネルのドテッ腹に吹き込むカリブの熱い風だ。

コロンビア名物はまだまだある。これまた町にあふれる小銃を構えた迷彩服の兵士たち。この国は、今でも内戦状態にあるといっていい。しかし、こんなに兵隊がいるのに、圧迫感のかけらもないのが、また、コロンビアらしい。軍隊がこれほど市民に対して礼儀正しく人なつっこいのは、世界でも珍しいんじゃないかと思う。

コロンビアは、独立以来、一度も独裁政権が長期に行われたことがないという中南米では希《まれ》な国であり、それくらい民主主義が発達していたので（もちろん、日本の民主主義とは異なるし、もっと複雑な歴史背景があるのだが）、ゲリラやマフィアの増殖を防げなかったという部分もあるのだ。

私たちがここに到着したのは師走《しわす》だった。毎日、あちらこちらで、故郷の家族に贈るシャンペンや玩具《おもちゃ》などのクリスマス・プレゼントを包んでいる若い兵士の姿を見かけた。

新しいものと古いもののごたまぜ、地元のものと遠くから来たものとのアンバランスなくみ合わせ、とりとめがないのに全体を包む奇妙に調和した雰囲気……それがコロンビアなのかもしれない。

風変わりな店も見つけた。第三世界の人たちにとって、機械やその部品はまだ〝美〟を喚起する材料であり、部品屋でもあるその店は、入口に大きな歯車で塔みたいなものを作って飾りと看板代わりにしている。ほとんどオブジェで、こうなると先進国の芸術家とどちらがより進んでいるのか、よくわからない。

各種カブトムシの死がい

実は、このカブトムシ屋にはばあさんだけではなく、じいさんもいた。さすがのばあさんも、いつも、ものすごい形相で中央のテーブルに座ったままピクリとも動かないこのじいさんに較べれば、まだかなりマトモだと思われた

その動かないはずのじいさんが、ある日、突然、ゴゴゴーッと大魔神のように立ち上がったのにも、たまげた

その店は、部品屋であると同時に、古本屋でありジュース屋でありカブトムシ屋であった。古ぼけてだだっ広い店の片隅にあるホコリをかぶったガラスケースの中にさまざまなカブトムシの標本が転がっている。

戸口の日なたで編み物をしているばあさんに、ちょっと見せてほしいと頼むと、「あんた、また買いに来たのかい？」と、わけのわからんことを言われる。今日が初めてだと答えると、「絶対に二回目だ」とばあさんは譲らない。しかたないので、私のほうが折れ、「そうだった、二回目だった」と認めると、ようやくケースを開けてくれた。

奇妙な代物だった。不自然に縮こまった脚、ところどころ光沢の消えた外殻、どう見ても商品になりきっておらず、では何かというと、ただの「死がい」だった。

確かに、ヘラクレス・オオカブトムシやネプチューン・オオカブトムシは有名だが、いったいどこの物好きが、ばあさんの言うように、こんな全長二〇センチもある世界最大のカブトムシの「死がい」に金や銀を詰めて首からぶら下げるというのだろうか？

ばあさんは、気は確かだが、一人の人間としてアタマが絶対的な平衡状態に達している人で、いつまでも私たちとはわけのわからない会話で終始した。

一週間くらいして、カブトムシの写真を撮りに行ったときのことである。私は、ばあさんに、「この前いっしょに来たもう一人の人はどうしたんだい？」と訊《き》かれ、びっくりした。目の前でフラッシュをバシャバシャたいているカメラマンを指して、この人でしょう、と答えると、ばあさんはまたしても、否定する。

「絶対にこんな人じゃなかったよ。もっとずっと小さい、あんたより背が低かったはずだよ」

いくら言っても、「言い訳はよしなさい」という顔で見つめられるだけだ。しかたなく、「大きくなったんだ」と私は説明した。ばあさんは、さすがに驚いたようだが、しばらくすると、深くため息をついてこう言った。

「……まったく、巨人にはいい気候だよ、ここは」

呪術師と私

この国境地帯でまずわれわれのやるべきことは、スーパーマーケットに行くことだった。といっても買い物ではない。

呪術師《じゅじゅつし》を探すためである。

ジャリで会った南米一の大道芸人サッソン（第三章参照）に、「タバチンガに着いたら、いい呪術師がいるからぜひ訪ねてみろ」と強力に勧められていたのだった。〝いい呪術師〟というのが、何を意味するのか知らないが、彼がいいというんだから、いいのだろう。

しかし、あの男もいい加減なやつで、そんな〝いい呪術師〟の名前を忘れちまったという。どうやって探すんだときいたら、「たしかスーパーの近くに住んでいるはずだから、そこできけばわかる。何しろ、いい呪術師だ」とやつは言ったものだ。

そこで、バカ正直な私たちは、十二月のある晴れた日、「いい呪術師」を見つけるべく、言われた通りタバチンガのスーパーに出かけていった。

まず、店の前にたむろしている近所の人にきくと、即座に「ああ、カルロスという男がいる」とだいたいどの辺りにいるのか教えてくれるので、また、その辺りでたずねると、「カルロスなんてやつは知らないが、ハイムンドなら知っている」と言う者がおり、再び、指示された付近できくと、「ハイムンド？　知らんな。……だが、ルイスという呪術師なら、あそこに住んでいる」と、ぼそぼそ教えてくれる。

真っ昼間から得体の知れない外国人が「呪術師を知らないか」と、いきなり訊いてくるので不審に思い、てきとうなことを教えているのか、それともこの辺には呪術師がたくさんいるのか。

さんざん、雨期のぬかるんだ泥道をうろうろしたあげく、ようやくルイスという男の家を見つけた。板張りの家の扉に布や木で作ったワラ人形みたいなものがぶら下がっているので呪術師にはちがいないが、呪術師は呪術師でも、私らの探している幻覚剤を扱うインディオ系の呪術師（ブルーホもしくはクラドール）ではなく、アフリカ系の呪術的密教マクンバの呪術師（マクンベイロ）であった。呪術師ちがいである。

窓から部屋を覗《のぞ》くと、そこが儀式の間らしく、タムタムや、上に不気味な瀬戸物の人形がごたごた並べてある祭壇があった。両手を広げたイエス・キリスト、鳥の羽根飾りをつけたインディオの戦士、黒い肌に白いヒゲをした黒人の老人……、三大人種の宗教が全て混ざった異様な雰囲気である。

しばらくして姿をみせた当の呪術師ルイスは、やはり黒人系の中年の男だったが、私たちを見て、特に関心を示すわけでもなく、また、別に嫌がるわけでもなく、淡々としていた。なかなか本物っぽい。

「明後日《あさって》、もっと位の高い呪術師が来て儀式を行うので、来ても構わない」と言った。

マクンバを説明するのはなかなか骨が折れるが、簡単に言うと、アフリカの奴隷がアメリカ大陸に渡ったときに、コンゴやナイジェリア辺りの呪術的信仰が変形し、さらにキリスト教や心霊主義と混ざったもので、ハイチではそれがゾンビで有名な「ブードゥー教」となり、ブラジルではマクンバになった——ひじょうに大まかにいうとこうなる（もちろん、ブードゥーとマクンバは別物だし、ブラジルにあるものをマクンバと総称していいか疑問だが）。

私は以前からこれに関心があったが、本来、黒人の多いブラジル沿岸部で盛んな信仰なので、まさか、こんなアマゾンくんだりで出会うとは思わなかった。もっとも、南米の玩具箱的な雰囲気を持つレティシアに較べ、タバチンガは、いかにも世界のどんづまりという感じの、どんよりした国境の宿場町的なノリで、やっぱり、こういう「怪しげな」場所に、こういう「怪しげな」者がいるのだなあ、と妙に納得もしたが。

二日後、また国境を越え、マクンベイロのところに行くと、たまげたことに、家に、あのサルバドール出身の家族がいるではないか。挨拶《あいさつ》もそこそこに「どうしてこんなところにいるんだ、何をしてるんだ？」と思わずきくと、ヒゲの旦那は笑って「これが私の仕事なんだ」と答えた。

「もっと位の高い呪術師」とは、彼のことであった。正確には、マクンバの用語で、〝聖人の父《パイ・デ・サント》〟と呼ばれ、儀式を取り仕切る祭司でもあり、病気や悪霊を祓《はら》う祈禱師《きとうし》でもある。

言われてみれば、サルバドールは、サンバも生まれた黒人文化の中心地である。彼は、いつもはサルバドールに住んでいるが、ときどき、半年とか一年とか長期にわたって諸地方の信者のもとを訪ねて回るという。それが、「仕事でもあり旅行でもある」の答えだった。

儀式は、訳あって中止になったらしいが、私たちの正体も教えると（呪術師に較べればかなり情けない正体だが）、それじゃ、と言って、タロットや、貝殻、帝国時代の硬貨、石の首飾りなどを使った不思議な占いを見せてくれた。

せっかくだから、私の未来も占ってもらう。私は、人に占いをやってもらうのは、初めてである。おどろおどろしい像がごたごた並べられた暗い部屋で、小さなローソクの炎ごしに呪術師と差し向かいあった。

まず、〝ヌメロジア〟という、名前のアルファベットから運勢を判断するというやつをやってもらう。私は日本人である以上、アルファベット表記は当て字にすぎないはずだが、今の年齢をずばり「二十四歳」と当てた。さらに、何やら計算し、「君は六十一歳より前には死なない」と述べた。裏返せば六十一歳で死ぬということか。

次に、例の貝殻や硬貨を使った占いをした。顔をもっともらしくしかめたり、ごにょごにょ呪文らしき言葉を唱えながら、何度も貝殻を投げてはタロットをめくるが、なかなか結論を言わない。

しまいに、「君には、今、このような占いは必要ないだろう。占いや呪術は、その人が最も必要とするとき、例えば、病気や困った問題を抱えているときに、最も効果を発揮するのだ」などと言い出した。

確かにそうかもしれないが、結局、あまりに文化のちがう世界に住んでいるので、私の未来が読めないようだった（だいたい、現在の日本すらよく知らないのだ）。しかし、そうはいっても、いちおうプロの呪術師たる人に何も言ってもらえないというのも悲しいので、「何か一つでいいから、私の未来を教えてくれ」とすがると、さらに、貝殻をいじくって、厳かに予言した。

「君は、生涯に二人の妻を持つ。そして、最初の妻は、この旅が終わってからそう遠くないうちに得られよう……」

これが、私のたった一つの未来か。

「しばらくここにいるから、また、今度会おう」と言って、私たちは別れたが、なぜか、二度と会うことはなかった。再会するつもりでいると会えなかったりする。それも、船旅の面白さである。

第十一章

インディオと呼ばれる人々

Leticia II

第一回ジャバリ地区先住民族会議

暮れもおしせまったある日、私たちは船外モーター付きのボートに乗り、南西へ向かって出発した。

話は、たまたま、レティシアの町で、あるフリーのガイドと知り合ったことに始まる。コロンビアのノーベル賞作家G・ガルシア＝マルケスのガイドを務めたこともあるダニエルという名のその男は、なかなか要領を心得た人間で、私らが本を作るために来ていることを知ると、俄然《がぜん》興味を抱《いだ》き、「一般の観光客は行かない、伝統的なインディオ集落に案内するよ」と熱心に誘った。

何でも、そのインディオは、顔にペインティングをほどこし、木の棒を耳や唇に刺し、弓矢で狩猟を行っているという。彼もそこへは一度しか行ったことがない、というより通りすぎただけらしい。

「向こうがなかなか気を許してくれなかったんだ」とダニエルは、妙に真剣な顔で言った。

一方、私たちもまるっきりの無知ではない。今どき、そんな人たちが町から一日ばかり行ったところにいるのか、という当然の疑問を抱いたが、それがブラジル領のインディオ保護区にあり、それも「ジャバリ地区」であることを知り、だんだん納得してきた。

　ブラジルでは、インディオの居住地域を保護区と定め、ＦＵＮＡＩ《フナイ》（インディオ保護局）の管理のもと、一般の人間の立ち入りを全て禁止している。私たちも、こういう保護区に行ってみたいと思っていたのだが、ＦＵＮＡＩの許可を取るのが、ひじょうに困難かつ時間がかかると知り、あきらめていたのだった。普通の場所より伝統が残っていてもおかしくない。

　特に、ジャバリ地区は、〝保護区〟といっても九州と同じくらいの広さを持ち、アマゾンの最も原始的なインディオとして日本のテレビのドキュメンタリー番組で二〜三回取り上げられたことのあるマチース族もここに住んでいる。完全な裸で、顔に細い木の棒をいく本もネコのヒゲのように刺し、「ジャガーの子孫」を自称する人々だ。

　もっともこのマチースもさることながら、「そこへ行く途中に、まだ文明を受け入れず、外部の者を見つけると襲ってくる未開な部族がいるという話を聞き、それが怖かった」という、私の知り合いで、最近、マチースを取材したテレビのスタッフの言葉のほうが私の印象に残っていたが。ともかく、そういうところだ。しかし、本当に入れるのか？

「許可は、現地のＦＵＮＡＩの支局で取れると思う。〝取材〟なんだから」

　と、彼は自信あり気に言った。

というわけで、私たちは、そのすごいインディオが待ち受けるはずのジャバリ地区へ向かったのだった。

四〜五時間ほどして、アタラヤという、村のような小さい町に着く。ジャバリ地区の入口で、FUNAIの支局もここにある。ちょうど昼休みで誰も人がいない。

しかたなく、入口でぼーっと待っていると、インディオらしい裸足《はだし》の男が通りかかり、「教会にインディオがいるから来い」と、手招きする。教会にインディオがいるからどうだっていうんだ。暑いのにめんどうくせえなあ、でも、まあヒマだし、くらいの気持ちで汗をかきかき坂を上っていく。その教会は丘の上にあった。

天井が高くて薄暗い教会の中に入ったとき、ハッと身が締まるような気がしたのは、中のひんやりした空気に急に触れたせいばかりでもなかった。突然、上半身裸で白い装飾品を頭・首・胸・背中と縦横無尽にまとった立派な体格の青年が現れた。ほかにも、服を着ているが独特の首飾りや耳飾り、イレズミ、あるいは単に顔つきですぐそれとわかるようなインディオの男女が、ある者は落ち着かなそうに椅子《いす》に腰かけ、他の者は三〜四人ずつ固まって石造りの床にぺったり座り込んで、私たちのほうを見つめていた。子供も入れれば、全部で四十人くらいか。みな小声でぼそぼそ喋《しゃべ》ったり、じっと押し黙っている。また、どういうわけか、白人の女性も一人いた。

やがて、この人たちが、これから集会を開こうとしており、しかもそれが、世界最後の秘境と呼んでいいジャバリ・インディオ保護区の主な部族が初めて一堂に会し、この地域のインディオの最初の統一組織を結成するための決起集会であることを知り、私は仰天した。

よりにもよって、たいへんなものに遭遇してしまったものである。しかも、それは、まさにそのとき始まらんとしていた。ちなみに、説明してくれた白人の女性は、マナウスに住むカナダ人で、オブザーバー参加だと言ったが、おそらく、NGOの人間だろう。

この集会をしきっているのは、この地域では最も数の多いマルーボ族の青年で、彼は、何ヵ月もかかって、広大なジャングルの中に点在する各部族の村々を説得して回り、この日の準備をしたという。その結果、マルーボのほか、カナマリ、マヨルナ、クリナ、トゥカノの主な五部族の代表は全て集まったらしい。

不参加は、集会はおろか、自分の村から出ることもない〝ジャガーの子孫〟マチース族と、文明をまだ受け付けず、他のインディオも恐れ、近づくことすらできないクルブ族という例の原始インディオだけのようだった。

何せ、初めて尽くしの催しなので、どの人もかなり神経質になっていた。集会が始まっていくらもしないうちに、私たちは、「白人は、ここにいるだけでもダメだ」といったん追放されてしまったが、その後、休憩時間のおりに、代表の人間に「ちょっとでいいから参観させてほしい」と頼むと、「じゃあ、自分の口からみんなに説明しろ」と言われ、やむなく、集会の壇上に立つハメになってしまった。

「何てこった……」と思いながら、ガイドのダニエルと二人で交互に話をする。インディオたちのある者はわけがわからずキョトンとし、ある者は緊張や不信感で表情を消している中、あまりに反応がないので、聞いていないんじゃないかと思うが、ダニエルが「この日本人の名はタカノという」と紹介したとたん、ドッと笑い声が沸き起こったので、やっと、いちおう聞いているのだ、とわかった。私の名前が笑われるのは、ここにいるトゥカノ族にそっくりだからだ。

私も、たどたどしいポルトガル語で「あなたたちの運動を日本の人たちにも知ってもらうことが必要だ」とか、ジャーナリストと呼ばれる人たちが得意とするような愚にもつかないことを言い、結局、写真撮影はダメだが、会議に立ち会う——実はそんな大袈裟《おおげさ》なものではないのだが——ことだけが許された。

その後、二時間あまり見物していたが、彼らの求めているものは、早い話が、インディオの文明化とそれにおけるインディオの権利を認めろ、ということであった。

前にも言ったように、今のところ、インディオはできるだけ昔通りのところで昔通りの生活をし、外部の出入りはシャットアウトするというのがブラジル政府の方針で、その世話や管理をするのがＦＵＮＡＩということになっているのだが、それは建て前にすぎない。

外部の人間はわざわざ入ってきて、木材を切り出し生ゴムを採集したりし（そこには当然、ＦＵＮＡＩと業者の癒着がある）、それらの仕事にタダ働き同然でインディオを雇うとか、また、よその人間が入ることで、それまでにはなかった病気が広まったりするようなことも起きる。

反面、賃金労働に携わったり町へ出ていくインディオが増えるにつれ、それまで何もなかった村に文明生活がなだれ込んできて、伝統文化はどんどん廃《すた》れていく。

そのうち、酋長《しゅうちょう》など部族の実力者の子弟の中から村を出てマナウスのような大都会で教育を受けられるという幸運を得た若者が二人、三人と現れた。彼らはそこで、たぶん、市民社会における民主主義や人権の概念を学ぶと同時に、かつてロックミュージシャンのスティングが派手にやって世界中で有名になったシングー川のインディオの反対運動なども当然知っただろう。やがて、ここアタラヤの教会の神父や例のカナダ人がけしかけたりもして、ついに、ジャバリ地区のインディオを統合する団体を旗揚げし、インディオの生活改善（病院・学校の設立、労働条件の向上など）を目指そうと思い立った——というのが、どうも真相のようである。

とはいうものの、そんな崇高な理念を持っているのは、指導層の若者たち数人で、残りの人たちは、改善運動はおろか「集会を開く」というのがどういうことかさえわかっていないようだ。おじさん、おばさんたちが、村の生活でいうなら、まだ結婚もしておらず一人前とすら言えないような若僧たちの喋ることをポカーンと聞いているだけである。

ここにおいて、先に生まれ、より長く生き、より多くの知恵をつけた人間を頼りにし敬うという社会の伝統は終わっていた。これからは、古さより新しさ、長い時間より短い時間が尊ばれる時代になるのだ。

新団体の指導部を選出する選挙に至っては、その〝選挙〟という行為が誰にも理解されていない。気に入った候補者に手を挙げろと言われても全く反応しなかったり、近くの若者にせっつかれ見よう見真似《みまね》で手を挙げたはいいが下ろすことを知らず、十分も挙げっ放しというイレズミのおとうさんたちがいたりして、話にならない。

そのうち、指導層が集まって何やらごちゃごちゃ話し合い、やがて「それでは選挙の結果、この人たちに決まりました」と、一方的に発表し拍手をするので、みんなもワーッと拍手をした。さらに、新団体の正式名称はＣＩＶＡＪＡ《シヴァジャ》（ジャバリ地区先住民族会議）とすること、また、最初の運動としては、ＦＵＮＡＩを通さず、直接ブラジル政府と交渉を始めるということが、新指導部（もちろん、結局、同じ青年たちだが）より告げられ、第一回の集会は幕を閉じた。

多難な出発である。それは単に運動が功を奏するかどうかという問題ではない。

ある意味では、この集会は、長年、白人の侵略者たちに圧迫され続けてきた彼らの最終的な敗北宣言ともいえる。今まで、ずっと自分たちの価値観で生きてきた、それをついに放棄して文明という同じ土俵に上がってしまったのだ。物でもなく個人の気持ちでもなく、システムを失ったとき伝統は絶える。

これからは、好むと好まざるとにかかわらず、彼らはインディオとしてではなく、ブラジル人として生きていかなければならない。

「お金を払うなら、写真を撮ってもいいよ」。集会の後、すっかり暗くなった外に出たとき、代表のマルーボの青年は私たちに言うが、断った。代わりに、みんなを集め、ポラロイドで記念写真を何枚か撮る。ストロボにはしゃぐ彼らに、写真を渡した。

「これ、みんなかい？　一枚くらい、あんたたちも持っていけば？」と、誰かが言った。

「いや、全部あげるよ」と、私は答えた。「これは、君たちのものだ」

今日のインディオ――マヨルナ族の場合

集会の翌日、目的地のラメロンという村へ向かって出発したが、それはさんざん、すったもんだした挙句のことであった。

ここに来て、私たちもガイドのダニエルにうまいことノセられているな、と気づいてきた。まず、ＦＵＮＡＩの支局で許可が出ない。「だいたいにおいて、入域の許可は、首都ブラジリアの本局でしか発行されない」という。なるほど、もっともな話だ。が、ダニエルは、「話がちがう」と、食い下がり、相手方も困ったような曖昧《あいまい》な顔をしている。しばらくして、私もわかってきた。彼らの間で、事前に何か「話」があったのだが、それがどういうわけか、うまくいかなくなったらしい。一つには、われわれが前日のインディオの会議に出たことが、FUNAI側の機嫌を損ねたという部分もあるようだった。議論は硬直した。

ここで、思わぬ助けが入る。当のラメロン村に住むマヨルナ族が四人——うち三人は例の集会の選挙のとき、手を挙げっ放しにしていたイレズミのおとうさんたちだ——、「村に帰りたいからボートに乗せてほしい」と願い出たのである。インディオの面倒を見ることを建て前としているFUNAIは、しぶしぶ、一種の掟破《おきてやぶ》りだが、彼らの輸送役として、われわれのラメロン往復を認めたのだった。

ラメロンは、アタラヤから半日くらいのところにあった。何ということはない、ごく普通の高床式家屋三〜四軒からなる小集落が三つ、ぽつんぽつんと川辺にあるだけだ。住人は、洋服の上下はもちろん、サンダルや靴まで履いており、口から耳にかけての奇妙なイレズミも年配の男だけで、生活様式にしても、一般のブラジル・アマゾン人であるカボクロと大した違いはない。

「何が『伝統的な村に特別に案内しよう』だ！」と憤慨しても後の祭りで、私たちを拒むわけでも喜んで迎え入れるでもない無表情な人々の顔を見ているうちに、あきらめた。来

この辺りのインディオは部族によって使用する武器が、吹き矢か弓矢に分かれる。マヨルナ族はサイズの大きい弓矢

てしまった以上は仕方ない。ありがたく泊めていただくことにした。

結果的に、この村には二泊したが、その滞在はあまり「楽しかった」と言えるものではなかった。

まず、狩り。弓矢猟を得意とするという話だったので、期待していたのだが、見せてくれと頼むと、「弓矢がない」とあっさり言われた。今は、普段、散弾銃を使っているという。

それでも、アタラヤから一緒にボートに乗ってきた無口な青年が、どこからか昔使っていた古い弓を探し出してきてくれた。弦《つる》がなかったので、近くの林でつるを切って弦を張ってみる。頑丈にして強力な代物で、私など矢をつがえることすらできない。それを彼は息をのんでギュウと引き絞り、すばやく発射した。

物凄《ものすご》い勢い。「矢が飛んでいく」なんて悠長なものではない。一瞬の後、矢は五〇メートルくらい離れた地面に突き刺さっていた。これほどすごい威力で金もかからない弓矢を捨ててしまったところを見ると、鉄砲というのはよほど優れた武器にちがいない。

それから、狩りに出かけたのだが、弓矢は一つしかなく、おまけに、銃を手にした二人の男の後ろに従っている。これでは、弓矢での狩りなど絶対に見られないと思い、順序を逆にしてもらった。これが彼らのやる気をそいだのか、それとも、こちらの人数が多すぎたのか、ただ運が悪かっただけなのか知らないが、動物の鳴き声を耳にするのはおろか、狩人たちが立ち止まって五感を集中させる場面すらなく、ひたすら歩き続ける。

彼らの森を歩くペースは速い。当然、こちらは疲れるが、休もうと足を止めると、五分もしないうちに蚊の大群に取り囲まれ、煙の中にいるような感じになる。それで結局、獲物もおらず、立ち止まることもできず、六時間くらい歩き続けたので、村に帰ったときは、それだけで嬉《うれ》しかったくらいだ。

もっとも、村に帰ったところで、昼はブユ、夜は蚊がすさまじく、とてものんびりするという感じではない。常に、長袖《ながそで》長ズボンに靴下を着用していないと虫たちに蹂躙《じゅうりん》される。

特に、用を足すときと、川で水浴びするときは参った。飢えたオオカミが子羊の肉にくらいつくように、虫たちが私の日焼けしていない尻に群がってくるのを黙って耐えながらウンコをするのは、男として誠に情けないものがある（女には、情けない以上のものがあるだろうが）。

水浴びは、鈴木さんがいいことを思いついた。服のまま水に入って身体を洗うのだ。そうすれば、虫に刺されないばかりか、服まで洗えるという一石二鳥の技であった。

夜になると、私たちが泊めてもらっている大きな家に、何となく人がぼそぼそ集まってくるが、皆おしなべて寡黙で、パーッと盛り上がるなんてことはない。

それでも、ひっきりなしに回ってくる〝マサト〟というユカイモ（マンジョーカ）から作られる酒とヨーグルトの中間のような発酵飲料の杯が重なるにつれ、二~三人のオヤジたちが急にプッツン切れ、とめどもなく喋り騒ぎまくる（他の連中は黙ってそれを聞いている）という現象が起きるのは不思議だった。こういうスパーク・オヤジたちは、頼むと何でもやってくれるので、面白い。

例えば、死ぬほど笑わせてくれた、動物の鳴き声シリーズ。ジャガー、バク、サルなど大型動物はもちろん、ヘビに咬《か》まれたり、ワニ狩りの場面、各種の鳥、魚の鳴き真似——そんなもの、世界中探してもここだけじゃないか——、蚊の飛ぶ音までやってくれる人間は、そうはいない。ここのおっさんたちは、みんなしてそれができる（なぜか若い連中はダメだ）。中でも、私たちの家の主《あるじ》は名人級で、いったんのり始めると、とどまるところを知らない。

いちばん笑ったのは、それをウォークマンに録音して本人に聞かせたときで、イヤホーンをつけて耳を澄ましたオヤジは、「あっ、サルがたくさん鳴いている！」と驚いたあげく夢中になってしまい、自分の物真似を聞きながらまたその真似をするという超現実的な技を見せるのだった。

しかし、何よりも感心したのは、その真似の仕方である。

例えば、「ヒョウの真似をしてくれ」と頼んでも、ただ鳴くということはしない。どうするかというと、「あー、遠くにヒョウがいる、ウッウッウッ（表記不能）、あー、だんだん近づいてきた、ウォッウォッウォッ（同じく表記不能）、今度は、腹を空かしたヒョウだ、グォーグォーグォー（同じく）、メスを呼んでいるオスもいる、ンーンーンー、子供も出てきた、ミャーミャーミャー、……」と全て場面を設定し、自分で想像しながらやるのだ。

ワニ狩りもそうだ。最初からワニ狩りをするつもりではない。ただ、ワニが遠くで何匹か鳴いている、その場面を頭に描くと、いやが上にも接近したくなってしまい、「パシャパシャ」とカヌーで近寄る仕草から、「フン！」と気合いもろともモリを投げる。次に、今度は自分がワニになり、グフォグフォッとわめきながら暴れ、最後に狩人に戻ってナタの一撃を加えるのだ。

誰に、何の真似を頼んでも、こういうふうに、全部セットで演劇大会みたいになる。つまり、われわれが考えるに、「ヒョウというのは、こういうふうに鳴く」というものがありそうなのだが、実は、「こういうヒョウは、こういうときには、こういうふうに鳴く」ということしかないのだ。つまり、無条件の一般的な「ヒョウ」などというものは存在しないことを、このとき、私は初めて知ったのである。

六十分テープの片面が動物の鳴き声で埋まると、B面にひっくり返し、今度はマヨルナ族の歌を聞かせてもらった。すると、この多芸なオヤジは、また、独特な方法を展開した。まず、説明から始める。

「さあ、ここは大きな大きなマロカ（インディオの伝統的な集合住居で大家族が同居する。今はほとんど残っていない）だ。父さんたちがたくさんいる、母さんたちもたくさんいる、兄弟も従兄弟《いとこ》もいる、小さい子供もいる、みんなで楽しく話をしているんだ、笑い声も聞こえる、『ハハハッ』（実演）、そうそう、そこで若い男が女に呼びかける……」。

そうやって、状況説明をする、というより自分が過去のその世界にタイムスリップしてから、低い声で語るように歌うのだった。

この歌というやつが、リズムがなく、ほとんどただうなり続けるみたいに同じ節を繰り返すだけで、あまりにインディオらしい〝諦観《ていかん》〟というか〝諸行無常〟が漂う、何とも言えない歌なのだが、どの歌をうたうときにも、必ず、場の雰囲気をまた説明し直すのが、おかしかった。

「さあ、ここは大きな大きなマロカだ、わし一人じゃない、もっともっとたくさん人がいる……」

彼にとって、ただの「歌」なんてないのだ。それは、いつも、誰かがどこかある場所である状況下でうたう個々の「歌」でしかない。

その前の物真似といい、このマロカの歌といい、徹底して抽象概念に無関心な、具体の現実世界がそこにあった。ヒョウだって、歌だって、みな一回限りのものであり、しかも、決して純粋な形では存在せず、それを語る人間との関わりからしか見えてこないのだ。

いわば〝自然の思考〟――そこに、唯一、私は彼らから、何とも言えない「いい感じ」

を嗅《か》ぎとったのだった。

今日のインディオ——ヤグア族の場合

レティシア・インディオ訪問シリーズの第二弾、マヨルナ族に続いてヤグア族を訪れた。ガイドは再びダニエルである。

ヤグア族は、レティシアからイキトスにかけて最も数の多いインディオで、大部分がペルー領に住んでいる。レティシアの近くには、観光客の相手をする〝プロのヤグア族〟の村があり、客が着くと、Tシャツから、チャンパという樹皮を原材料とした伝統的な衣に着替え、得意技である吹き矢を実演してくれるらしいが、そんなものを見ても仕方ない。何もなくていいから現実の姿を見たいと思い、ペルー領の支流をかなり入ったところにある村を訪ねることにした。

コロンビア領の村に一泊し、二日目、ソル（太陽）とスペイン語で名づけられた村に到着するが、その名前の輝かしさとは裏腹に、陰気な雰囲気の村だった。

かなり広く、マヨルナと同じスタイルの高床の家が十数軒広場を取り囲むように並んでおり、村落としての体裁は整っていたが、住人は、誰も木の皮など身に着けておらず、ボロボロのシャツやズボン姿だった。しかも、若い女は、半分以上が町に出ていっているらしく、殺風景このうえない。

しばらくすると、ペルーの首都リマから派遣されたという若い宣教師が現れ、「私がここに来てから一年半になるが、彼らもかなりスペイン語がうまくなったし、お祈りもするようになったし、進歩している」と言っていた。文明の階段をゼロから登り始めた彼らの状態は、貧困と呼ぶしかないように、私には思えたが。

ある村人に、散弾銃の弾をくれと言われた。弾がないから狩りができない、食糧が足りなくて困っているという。吹き矢はどうしたのか？　とたずねると、「鉄砲が入ってきたからヤメた」と答えた。

気の進まないながらも、この村に一泊した。

翌日、ある家に年とった夫婦がいるのを見て、ぶったまげた。二人とも、ワラかススキを束ねたようなものを頭や身体に巻きつけ、肌の露出した部分は、顔からつま先まで真っ赤に塗りたくっている。ワラみたいなものがチャンパで、ペインティングのほうは、これがピラルクの語源の一部である赤色染料〝ウルク〟である。化粧でも、まじないでも、虫よけでもあるというが、そんな説明などフッ飛んでしまうくらいの迫力であった。いや、人が生きるということはすごいことだ、と思ってしまった。彼らは、私たちを見ても全く反応を示さず、淡々と縄のようなものを綯《な》っていた。

この人たちの写真は撮らなかった。というより、撮れなかった。おいそれとカメラを向けられる人物ではなく、そうこうしているうちに、欲に目がくらんだ村人から莫大《ばくだい》な滞在費を請求され、やむなく村を立ち退《たちの》くハメになったのだ。

しかたなく、さらに上流を遡《さかのぼ》った。途中、カヌーでわれわれと同じところへ向かっているらしいコロンビア人の家族を拾う。その若い父親から興味深い話を聞いた。

一九七八年、カバリョ・コチャというペルー領の小さい町で、白昼堂々、武装した二人のマルーボ族の男が小学校を襲い、女の子を二人さらって逃げたという。妻にするつもりだったらしい。

この人自身、そのときの悲鳴を聞いて学校に駆けつけたというから本当の話だろうが、たった十二年前が現在とは別世界のようである。現在は、そのマルーボが主導して民族運動集会が開かれる時代である。

さて、私たちの目的地は、着いてみれば、ただ大きい家が一軒あるだけの村でも何でもないところだった。住んでいる人たちは、一見しただけでは、インディオなのかただのペルー人なのか、よくわからないくらい普通の生活をしている正真正銘のヤグア人であった。

どうして、部族から離れ、単独で暮らしているのか、無口な彼らははっきりと答えてくれなかったが、少なくとも、異なった生き方を自分で選んだことは間違いなさそうである。

不思議なことに、物質的にはソル村の連中よりずっと文明化されているのに、連中よりずっと、自然に溶け込んで暮らしている人間に固有の、穏やかで確信に満ちた顔つきをしていた。

この家は、主人のじいさん夫婦と息子夫婦に孫二人、さらに客人のペルー人が一人いた。息子はタナンタという名の、無口だがときおり爽《さわ》やかな笑顔を見せる好青年で、彼はヤグア流吹き矢の名人でもあった。

吹き矢といっても、吹き筒は私たちがふつう想像するよりはるかにでかく、長さ一・五メートル直径五センチはある物干《ものほ》し竿《ざお》的なものである。一方、矢のほうは、首から吊《つる》した小さなカゴの中にびっしり入っている、矢と呼ぶには細すぎる竹ヒゴ状のものがそれだ。根元には、小さい綿の塊がつけられており、この部分が吹き込む息の風を受け、ロケットのように飛び出す仕掛けになっている。尖《とが》った先端にはコールタールを思い出させるような毒が黒々と塗られている。

「これは強力なの？」とたずねると、「バクでも倒せる」とタナンタは静かに微笑して言った。

実際に見せてくれと頼むと、家の周りを少し歩いてから、おもむろに矢を取り出し、すくっと両足をそろえて立つと、長い筒を口にあて、真上を見上げた。初め、彼が何をするつもりかわからなかったほど獲物は高いところにいた。高さ三〇メートルくらいある樹の梢《こずえ》に鳥らしきものがいるのがかろうじて見えた。あれを射落とそうというのか。

姿勢をピクリとも変えず、ブォッと一吹きすると、矢はビューッと物凄い勢いで飛んでいき、鳥の二〇～三〇センチ左横をかすめて空に消えた。「ちょっと高すぎるな」と彼ははにかむように笑ったが、こちらは度肝を抜かれた。「この人たちをあまり怒らせたくないな」と鈴木さんは私を振り返って言った。

ソル村もそうだったが、この家も蚊がすさまじい。昼もいるが、夜ともなると、もう起きていられず、早々《そうそう》に蚊帳《かや》の中に引っ込む。しかし、その蚊帳が安物で、粗い目の間から、この辺り特有の小さめの蚊が次々に侵入してくる。二ヵ月前、ベレンで「まあ、これでいいだろう」と妥協したツケが一気に回ってきた感じだ。私と鈴木さんは一晩中、蚊と格闘し続け、手のひらは叩《たた》きつぶした蚊の破片と自分の血で赤黒く染まった。

蚊がだんだんいなくなるのは四時を過ぎる頃だ。ようやく、本格的な眠りについたわれわれは、家人が早朝の狩りに出かけるのに気づくべくもなく、目覚めたのは獲物が運び込まれてきたときだった。

ソギソギと呼ばれるサルと、ボルーガという変な動物だ。丸々太ってブタに似ているが、二本の長い前歯を持っているから、ネズミの仲間だろう。

解体が実に面白かった。大鍋《おおなべ》の煮立った湯に獣をつからせ、しばらくして取り出すと、手やナイフで毛をするする剝《む》く。まるで、子供の世話をするように丁寧かつ手際が良い。みるみるうちに、二匹は丸裸になった。特にサルは、まるっきりヒトの赤ん坊そっくりで、人間のことを〝裸のサル〟とはよく言ったものだ、と感心する。

そのあと、今度は若いタナンタ夫妻がそれぞれ一匹ずつ抱えて船着き場まで持っていき、内臓をさばく。ミイラのように痩《や》せこけた犬が大喜びでやってきて、たまにいらないくず肉の破片を投げてもらうのを辛抱強く待つ。そのうち、じいさんと幼い孫が釣りざおを持って現れ、われわれのボートに乗り、若夫婦が血や内臓をごぼごぼ流すすぐ横で、おもむろに釣り糸を垂れた。

解体を利用してのピラニア釣りとはシャレている。三世代と犬、誰も口をきかず、黙々と自分の役割を続ける。これ以上ないというアマゾンの光景である。

昼食に、私たちはボルーガの肉を食べたが、ブタ肉に似た感じで美味であった。

最後の日、タナンタの吹き矢の狩りに連れていってもらうが、マヨルナのラメロン村のときと同じように、疲れるだけのものになる。森の中は蒸し暑く、動物も鳥も見当たらず、インディオたちは歩くのが速い。一緒について来ていた十歳にもならない二人の子供たちが汗一つかかないのには敵《かな》わない。

結局、あまりに何もないので帰ろうということにしたが、そのとき、ゴーッと滝のような音をたて、スコールが怒《ど》濤《とう》のごとく襲ってきた。全くここの雨は凄《すさ》い。虫の凄まじさといい雨風の激しさといい、自然の強大さという点では、アマゾンはアフリカのジャングルをも凌《しの》ぐ。

インディオと呼ばれる人たちは、この自然の猛威に逆らわず、屈せず生きている。彼らを見るたびに、私は宮澤賢治の詩を思い出し、アマゾン・バージョンに詠みかえる。

「雨ニモ負ケズ風ニモ負ケズ、夏ノ暑サニモ虫ノ多サニモ屈セズ、ミンナニバカニサレテモ黙ッテニコニコ笑ッテイル……」

後にアンデスの高地インディオの世界を体験するが、環境が全く違うにもかかわらず、精神はびっくりするくらい同じだった。「夏ノ暑サ」が「冬ノ寒サ」になり、「虫ノ多サ」が「空気ノ薄サ」になるだけのことだ。

もし宮澤賢治がインディオに会っていたら、ハタと膝《ひざ》を叩いて、「こういう人になりたかったんだ！」と叫んで、一緒にバナナを植えたり、吹き矢でサルを獲ったりして暮らしたのではという気すらする。

現代という時代、インディオは、自然と文明の挟み撃ちにあっている。夜の暗さには耐えられるが、電気があるのを知ってなお夜の暗さに耐えるというのは難しい。

あるいは、タナンタの家族は、古い部族社会に引きずられながらなし崩し的に都市文明に移行しつつある村より、自分で新しい自然と文明の調和点を見つけたかったのかもしれない。

インディオの未来というのは、そういう方向にしか開けていない。そう考えながら、根無し草の旅行者はまた町へ帰っていく。

今日のインディオ――クルブ族の場合

これまで、アマゾンは開けているとか、インディオは文明化しているという話ばかりしてきたので、この本を読んで「あー、アマゾンなんか大したことないんだ」と誤解している人もいるかもしれない。

そういう人たちが、うかつに森に入って原始インディオに頭をカチ割られたりすると、こちらも困るので、ちょうど資料も手に入ったところだし、「ジャバリ地区先住民族会議」で名前が出てきたクルブ族について少し触れておこう。

前にも言ったが、ジャバリ地区には、まだ、未確認の部族が住んでいる。名前もはっきりとされていないのは、それがどうも一部族ではなく、二〜三部族いるのではないかと言われていることによる。

これは二一世紀が間近に迫った現代においてはたいへんなことである。例えば、全体としては南米の半分ほども近代化が進んでいないアフリカにはそのような民族は皆無だし、ユーラシア・北アメリカ・オーストラリアなど論外で、可能性がわずかでも残っているのはニューギニアくらいだろうが、それも怪しい。それなのに、アマゾンには、町から二

〜三日船で行ったところに、未《いま》だそのような文明を拒み続けている人々がいるのだ。

ジャバリ地区では、ふつう、外部の人間を見つけると襲撃して叩き殺すというインディオを〝クルブ〟と呼んで恐れている。だから、「クルブ族が恐ろしい」のではなく、「恐ろしい部族を〝クルブ〟と呼んでいる」わけで、クルブは実は複数いるのかもしれない。

サンパウロで発行している『ブラジルの先住民族・第五巻／ジャバリ』（ＣＥＤＩ　一九八〇）では、彼らのことを、その居住地域から〝イトゥイ川とイタコアイ川の合流点のインディオ〟とごく学問的な呼び方をしている。

この本は、民族学的資料の色合いが濃く、論文形式で客観的な事実を淡々とまとめているだけなのだが、いわゆるクルブに関するデータは、なかなか興味深い。特に、インディオの襲撃事件の記録には私もたまげたので、ピックアップしてみた。

・一九六八年三月、複数のインディオが、ハイムンド・フランコの自宅を襲撃し、三歳の娘をさらい、六ヵ月の赤ん坊を殺した。その間、大人たちは辛くも彼らの手をのがれ、逃げた。

・一九六八年八月、あるセリンゲイロ（ゴム樹液採取人）の家が焼き払われた。住人は、留守であった。

・一九六九年八月、マルーボのイガラペ（森林の中の小さな入江）から二時間くらい下ったところにあるジョルジ・フェレイラの家が襲われ、妻は逃げたが、フェレイラは殺害されたうえ、死体からは、脛骨《けいこつ》（すねの骨）が持ち去られた。
・一九七一年、材木の仕事に携わっていたセバスチャン・ルイスが、イタコアイ川の岸辺のフロレスタと呼ばれる場所で、死体となって発見される。死因は、ヤリと棍棒《こんぼう》によるもので、脛骨がなかった。
・一九七二年、ダニエルという人物が、リオ・ノーボ（正確には、その下流）で釣りをしていたところ、棍棒で撲殺され、脛骨を奪われる。
・一九七八年、マルーボのイガラペの入口で材木の仕事をしていたハイムンド・フェリス、ジェラルド・フェリス、そして名前はわからないが一人のペルー人が、行方不明となる。

FUNAIも、一九七二～一九七五年にかけて、この謎《なぞ》のインディオとの接触を試みた。その結果が、簡潔に述べられているので、そのまま、引用する。

インディオと接触を行うため、一九七二年二月、イタコアイ川に面した岸辺、マルーボのイガラペから三〇〇メートル上った地点に、PIAマルーボ（マルーボ偵察所）が設けられる。

一九七三年七月二日、インディオ（大人二人子供一人と見られる）が偵察所を襲撃し、係官助手の妻を殺害、建物を焼き払う。襲撃の際、あわてた一人の係官が彼らに投げ出したプレゼントは棍棒で壊されたが、オノ二つ、鍋六つが持ち去られた。インディオに襲われたというからには、ある時期は、偵察所は、川の右岸（訳注・インディオの居住地は右岸）に設置されていたようである。このインディオは川を横断するという習慣がないのである。

一九七四年八月十一日、贈り物を置いて回っていたとき（訳注・接触を行う準備として、インディオが通りそうな場所にナイフや鍋などを置いておき、友好を示す）、セバスチャン・バンデーラ係官が殺害され、もう一人のベルナルド・ムレール・フィーリョ係官は重傷を負う。

一九七五年の調査活動最後の時期には、バルミール・トーレスとハイメ・ピメンテルの両係官がインディオに追跡され、とうとう逃げ切れずに殺害される。これをもって偵察所は閉鎖され、調査活動は中止されたままである。

殺されずにすんだ接触もある。

また、もう一つの接触は、一九七五年二月六日で、棍棒や弓で武装した二〇〇人近いインディオが出現し、敵意をあらわにした。しばらくすると、彼らは態度を変え、友好的な仕草で、女性たちを前に並べ、バナナやサル、野鳥などの動物を示し、FUNAI係官に近づくよう合図した。ところが、係官たちが近づくと、彼らは再び態度を翻し、係官たちを偵察所の方へ追い返そうとした。インディオたちは、〝帰れ〟と威嚇を続けながら、身振りで、相手の頭を一撃し、倒れたところを身体の残りの部分、特に腕をメッタ打ちにする様子を示した。

次の頁の下と左上がそのときの写真である。左上の写真は、詳しい説明がないのでよくわからないが、「相手をおびき寄せるために犬を抱えているイトゥイ川／イタコアイ川のインディオ」と出ているので、おそらく状況も結果も似たようなものだったと思われる。ジャバリ地区先住民族集会に出ていたマルーボ族の人間も言っていたが、これが彼らの常《じょう》套《とう》手段のようである。

いやはや、何て恐ろしい連中だろう！　事例が七〇年代で終わっているのは、もちろん、この本の出版が一九八〇年だからである。その後のことは正確なデータがないのでわからないが、今もあのように恐れられているのだから、当然、犠牲者は出続けていると思われる。

「野蛮な原住民」が文明人を襲う――最近でもそのようなことが起きているというのは驚

マヨルナ族。このくらいの世代までが伝統を受け継いでいる

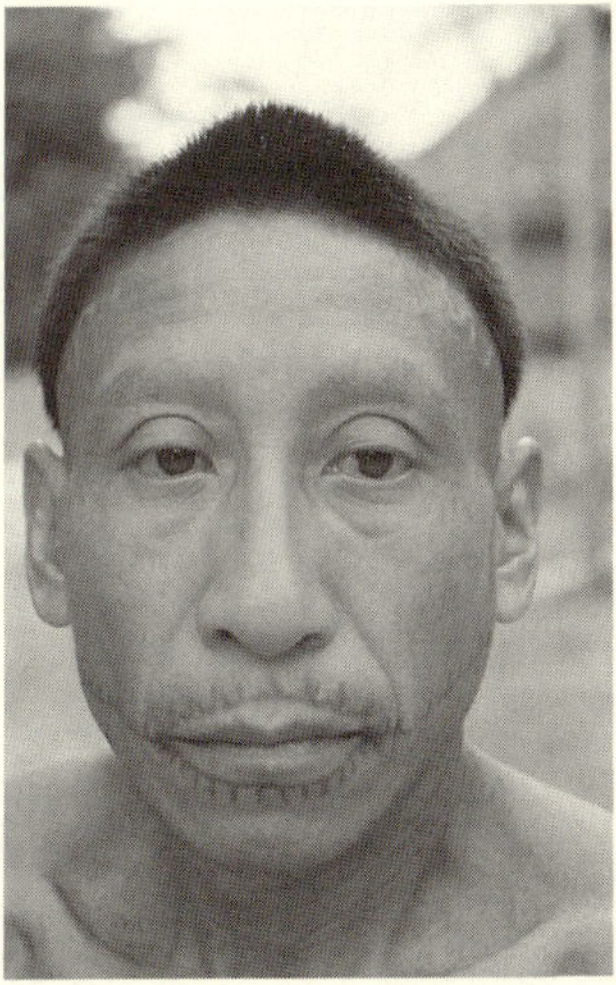

犬を抱えているクルブの男

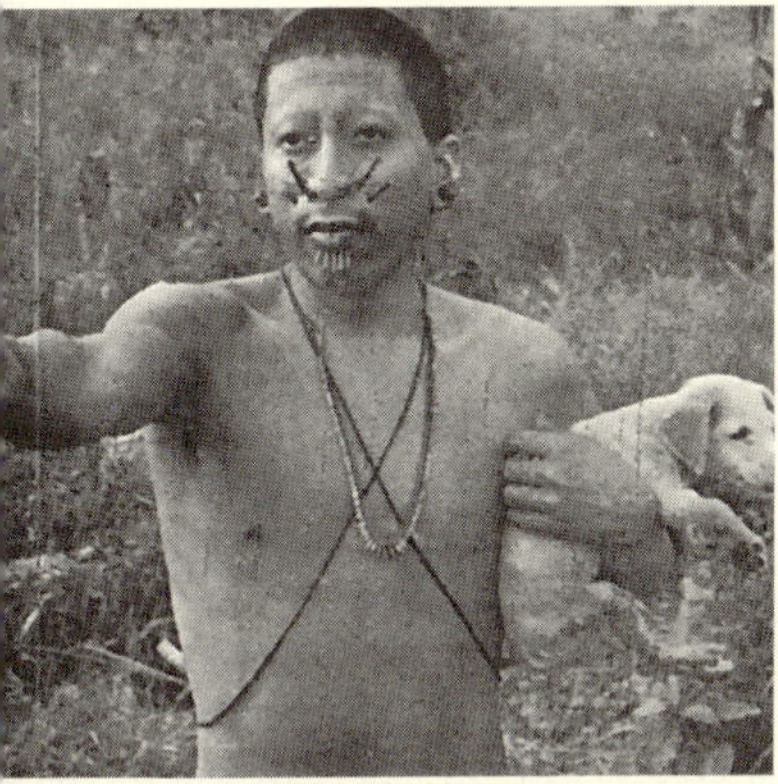

1975年、FUNAI係官を威嚇するクルブの男たち

きだが、実は、もっと驚くべきことがある。

この正確第一のレポートは、一つ、ひじょうに重要な点を指摘している。何と、一九六八年以前には、インディオによる襲撃事件が確認された事例はもちろん、伝え話としてもただの一つも報告されていないというのだ。

ここには、六八年以前の接触についてもいろいろ挙げられているが、いずれも、住んでいるところにインディオが遊びに来たとか、インディオの家に泊めてもらったという、きわめて平和的、というより常識的な話ばかりなのだ。つまり、〝クルブ〟は「最近でもまだ野蛮」なのではなく「最近、野蛮になった」のである。

どんな人間も、意味なく他人を襲ったりはしない。理由は簡単で、危ないからだ。反撃もされるし、その場では勝っても、後で仲間に仕返しされるかもしれない。逃げるか、仲良くしたほうが無難というものだ。

私が想像するに、クルブと呼ばれる人たちも昔はそうしていたのではないか。しかし、だんだん、文明世界の包囲網が狭まるにつれて、自分たちの暮らしが脅威にさらされつつあることに（意識的にか無意識的にか）気づいた彼らは、やむを得ず、防衛手段を取るようになったのではないか。

似たような例は、実は探せばいくらでもある。例えば、日本人で唯一の探検家・関野吉晴は、一九七〇年、米仏合同探検隊の隊員たちを殺害したアマゾン上流、ペルー領のマチゲンガ族について報告している。インディオたちは、突然、自分たちの村に現れ、空腹のあまり作物やニワトリを奪って食べてしまった見たこともない白い男たちに恐怖し、さらに怒りも手伝って殺してしまったという（関野吉晴『わがアマゾン　トウチャン一家と13年』朝日新聞社）。

おそらく、歴史に登場した〝野蛮な原住民〟は、すべて文明との接触によってもたらされたものだろう。つまり、〝野蛮な侵略者〟を追い払おうとしたにすぎない。民族の抵抗というやつだ。しかし、昔から現在までずっと文明に対し、野蛮でい続けた民族はいない。みな鬼が島の鬼のように退治され宝物を差し出したのだ。

最後の真の民族抵抗団体〝クルブ〟の戦いはいつまで続くのだろうか。

＊インディオ……現在、この呼び名は不正確かつ差別的であるとされ公式の場では、彼らをインディジェナ（先住民＝スペイン語ではインディヘナ）と呼ぶようになっている。しかし、偶然ながらインディヘナはインディオと語感がそっくりであるし、第一、呼び名を多少変えたところでインディオの立場は変わるわけではない。この本では、便宜上、慣習に従って「インディオ」と呼ぶことにする。

実際には、ブラジルではindioという言葉が使われるが、ペルーやコロンビアのアマゾンでは、tribus（部族）と呼ぶのが普通のようである。

第十二章 コロンビア・コカイン・ストーリー

Leticia III

真昼の襲撃

テフェで、ジャングル・ツアーへ行く前の日のことである。

日曜日だった。南米ではカトリックの伝統が根強く、さらにブラジルには表向き労働者優遇の伝統があるので、日曜日はアマゾンの町もその機能を完全に停止し、人々は家に閉じこもり（といっても、別にお祈りをしているわけでもなく、テレビのお笑い番組を見てたりするのだが）、街路はゴーストタウンの静けさに包まれる。

その日、私たちは、たった一軒だけ開いていた食堂で昼飯を食った後、宿のベッドに転がって昼寝をしていた。

と、突然、ドアをガンガン激しくノックする音で目を覚まさせられた。近くにいた鈴木さんが扉をあけると、その瞬間、すさまじい勢いで、機関銃やピストルを手にした五〜六人の男たちが薄暗い部屋の中にどっとなだれ込んできた。

寝ぼけまなこの私は、この、あまりに非現実的な光景に呆然《ぼうぜん》とした。何しろ、まるっきり、映画で見るギャングもののシーンそのままなのだ。

　本来、このように銃を突きつけられた場合、すぐに両手を挙げなければいけないはずだが、何分《なにぶん》そういう習慣がないもので、ベッドに半身を起こした状態で機関銃の黒光りする銃身をぼーっと見ていた。

　ブラジルの白昼強盗の恐ろしさはよく聞くところだ。万事休すか。でも、金とカメラ類は持っていかれても、命は助かるだろう、などと思っていると、サングラスをかけ、濃いヒゲを生やした、いかにもギャングのボスという感じの男が、定石通り、低い声で命令する。

「手を挙げろ。立て。二人とも横に並べ。壁に手をつけ。動くな、動くと撃つぞ！」

　私たちが、ひんやりした壁に手をつけたとき、ボスの男は、懐から一枚の書類を出し、こちらに見せた。事を運ぶ前に書類を提示する強盗はいない。ポリスであった。

　何の容疑かもわからないうちに、取り調べが始まった。部下たちが荷物を調べる間、ボスの男（実はテフェ警察の警部）が、いろいろ訊問《じんもん》する。

「ペルー人か？」

「日本人です」

「ビジネスか？」

「旅行です」

　……パスポートを見せると、彼はやや落胆した様子だったが、それでも、荷物は徹底的にチェックした。もちろん、何も出てこない。

「OK」と男は言った。ようやっと機関銃とピストルの銃口が下がった。私は息をついた。

「あんたたちの疑いは晴れた」と警部は言う。

「何の疑いだ？」。今頃私がきく。

「コカインと金《きん》の密輸だ」

もう一度、さきほどの書類を見せてもらう。手配書みたいなものだった。

「指名手配中の二人組のペルー人、Dr.××とDr.△△が、ホテル・ハイジエニの二〇四号室に宿泊している」という内容だった。こっちは確かに二人組で、日本人はブラジルではよくペルー人と間違われ、われわれは二人ともメガネをかけており（メガネさえかけていればアマゾンではドクターで通る！）、そのホテルのその部屋は、まさに便所の水もろくに出ないこの部屋なのだ。その二人のペルー人とやらは、おおかた組織の技術者かなんかだろうが、いったい、どうしてそれがオレたちになってるんだ？

「ご協力に感謝する」と、白々しい調子で警部は手を差し出した。「いつでも、わが署に遊びに来てくれ」。なかなか冗談がキツい。

獲物をとり損ねた猟師たちが、たいそうな武器を空《むな》しくぶら下げてどやどや帰っていくと、また、辺りは静まりかえり、いつもの日曜日に戻った。

悪い夢を見たと思って、また寝直した。

インディオという男

一ヵ月後、ところはレティシア。ある男と知り合い、コカイン*・ストーリーの続きが始まる。

その男は、〃インディオ〃と呼ばれていた。どうしてかは知らない。インディオの血が濃いのは明らかだが、それだけで、ごく普通のコロンビア人だ。ただ、目つきがひじょうに鋭い。めったに笑わず、身のこなしがきびきびしている。山猫を思い出させた。もしかすると、そのあだ名の由来は、本物のインディオ以上に野性的だ、というところから来ているのかもしれない。

職業は観光ガイド。私が、賭《か》けドミノ中毒のオヤジたちがたむろする安いカフェのテラスでティント（コロンビアでいう一杯コーヒー）を飲んでいたとき、「ジャングル・ツアーに行かないか？」と声をかけてきた。

私は、そのとき、もうさんざんその手のツアーはやっていたので、適当に聞き流していると、「オレは、この河筋のことは誰にも負けないくらい詳しい」と主張する。

「何しろ」と彼は得意気に言った。「オレは四年前まで、ドラッグの密輸をしていたんだ」

ようやく、私は話を聞く気になった。

話によれば、ついこの前まではひじょうに儲《もう》かる商売だったので、彼も数え切れないほどレティシアとペルーの間を往復したという。その大半は夜中だ。ときには警察をかわし、ときにはコカインの運び屋を狙《ねら》う強盗の裏をかいて仕事をするためには、地理と住んでいる人間を完璧《かんぺき》に把握する必要がある、という。なるほど、説得力はある。

しかし、意外である。私たちはこの町に何週間もいるが、コカイン売買の気配さえ感じたことはなかった。「そりゃそうだ。オレたちは〝卸し〟だから〝小売り〟は、あまりやらない」とインディオは言った。彼は、普通の南米人とちがい、いい加減なことが嫌いで、言うことはいつも細かく、とても律儀な男だった。その生真面目《きまじめ》な部分で、私と気があったのだろう、ツアーには行かなかったが、友人《アミーゴ》になった。

「この仕事のことなら、何でも知っている」と豪語するので、私が、コカインの粉を見たいと言うと、さっきはもうヤメたと言ってたくせに、「来週、イキトスの友だちが一〇キロ持ってくるから見せてやろう」と答えた。何でも、この前、その友だちが彼の家に遊びに来たとき、ステレオを見て「ぜひ譲ってくれ」と頼み込んだのだそうだ。その代金が一〇キロのコカインなのであった。「そいつは『八キロでいいだろ?』って言うんだが、オレは一〇キロでなきゃダメだと言ったんだ」と妙に強調するのがおかしい。

ドミノ中毒のおやじがたむろするレティシアの街のカフェ

毎週日曜日に開催される〝燃える闘鶏〟。3か国の人間が入り乱れ、熱狂する。私たちは、この日、5000ペソ(約10ドル)勝った

また、彼は、私が〝コカイン（スペイン語ではコカイーナ）〟と言うのが気に入らないらしく、基本から説明する。それによれば、ハマチが大きくなるにしたがって名を変えていくように、コカインも、精製と加工の過程で、パスタ、バセ、クリスタル、オキシード……と呼び方を変えていくらしい。

「〝コカイン〟じゃ何のことかわからねえ」。インディオ先生はブツブツ言った。「クリスタルとパスタじゃ金と銅くらいちがうんだぜ」。だから、彼が来週受け取るのは、一〇キロのパスタだ、と言わなければならない。

翌日の朝、ホテルの部屋のドアがえらい勢いで叩《たた》かれ、目を覚ました。テフェ以来、睡眠中にドアをガンガンやられるのがあまり好きではなくなっていた私は、少々気合いを入れて扉を開けた。戸口に立っていたのは、幸いにも、ポリスとは対極の立場にいる人間だった。

「おまえ、いつまで寝てるんだ？　もう七時だぞ、具合でも悪いのか？」とインディオは威勢よく言った。悪いのは具合じゃなくて機嫌だと言いたいところだったが、「何の用だ？」と訊《き》いた。「粉を持っているやつを見つけた。おまえが見たいって言ったろ。早く着替えろ」

どうして、こんな朝っぱらからコカインを見に行かなくちゃならんのだ、オレは不幸だ、と日本語でわめきながら、外に出たのだが、インディオはさすがにプロのガイドだ。レティシアの町を歩きながら丁寧に観光案内をしてくれるので、目が覚めてきた。

「見ろ、このホテルの持ち主はドローガ（ドラッグ）ですごく儲けたんだ。ポリスに追われて、今はパナマに逃げている」「このバーとあのレストランのオーナーもマフィアとひじょうに繋《つな》がりが深い」「この屋敷は、オリヒというマフィアのボスの別荘だが、奴《やつ》はこの前逮捕されたので、今は警察が管理している」ｅｔｃ。

　驚いたことに、この明るい地方観光都市のホテル、レストラン、商店の大半は、コカイン密輸となんらかの関係がある（もしくは、あった）ようなのだ。「そうだ。この町で金を持っている奴は、みな、その*ビジネスに手を染めてきたんだ」とインディオは淡々と言った。

　彼が私を連れていったのは、町外れの小さな高床の家だった。本物のインディオにかなり近い無口な男が、暗い部屋のテーブルに新聞紙の包みを広げた。現地の人間に売る品らしく、くすんだ白色の粗い粉が一グラムずつキャンディーのように紙切れにくるまれていた。

　まず、私の第一印象は、「一グラムって、けっこう量があるな」ということだった。よく、俳優の某《なにがし》が××グラム持っていて捕まった、とか言われるが、実感は湧《わ》かないものだ。

そこにあったのは、純度二〇～三〇パーセントと最も純度の低い〝パスタ〟で、タバコに混ぜて吸うらしいが、これで一人四～五回分イケるという。ということは、日本の六本木あたりで出回っているのは、純度が一〇〇パーセントに近いものだから、一グラムで相当遊べるわけだ。だから、雑誌や新聞で、「一グラム＝一五万円のコカインの魔力」みたいな記事が出るが、実は銀座や六本木の高級バーで酒が飲める連中（私はこっちのほうがもっと信じられないが）にとっては、それほど高くはないということになる。一般に〝麻薬〟と呼ばれている、酒・タバコ以外のドラッグをやたら恐れたり崇拝したりする日本の風潮から来るものだろう。

インディオの解説が面白い。

「パスタは白いものと赤みがかったものがある。赤みがかったものの方が効くんだが、見栄えがいいということから、マフィアのような大手には白い粉の方が好まれる……」

リンゴにワックスを塗ったり、ハムに発色剤を入れるように、コカインも高級志向になると、味以上に見てくれが重視されるというのは笑える。

「一服するか？」と勧められるが、手を振って断り、かわりに指をつけてナメてみる。苦かった。

しかし、どうして、インディオは私に、ここまで熱心にいろいろ教えてくれるのだろうか、と不審に思う人がいるかもしれない。理由は、なくはない。

実は、私は、この旅行中運び屋には、ほかにも何人か会ったのだが、共通していることは、私のような外部の人間に好んで話をしたがるということだ。ことに、こちらが本を作っているとわかると、なおさらである。

以前、あるジャーナリストに「スパイは仲良くなると過去の仕事の話をしたがる」と聞いたことがあるけれど、同じことだろう。どちらも、危険が伴い、度胸と能力がないと務まらない仕事だ。

インディオは、帰り道、ふつうに働いている人々を見ながら言う。

「オレはブーロ（ロバ、転じてうすのろ、ばかの意）じゃない。オレは草刈りなんかやらない。オレには頭があるんだ」

スパイにしてもコカインの運び屋にしても、本人には犯罪をしているという意識は全くない。とはいうものの、もちろん、公にはできない種類のもので、プライドの高い仕事人には、この辺がジレンマとなっているのであった。

それにしても、ここでは一グラムたった一〇ドルのクリスタル（純度ほぼ一〇〇パーセントの結晶）が「アメリカでは一五〇ドル、日本では一〇〇〇ドルくらいするぞ」と教えてやったときのインディオといったらなかった。泣きそうな顔をして、彼は「ちくしょう！」と吐き捨てるように言った。

世の中は公正じゃない、と言いたかったのだろうか。

コカイン王国の興亡

年が明けてから、イキトス行きの船の情報を仕入れに、ペルー領のサンタ・ロサに渡ってみた。インディオも、見るからにヒマそうで、一緒に来てくれた。

サンタ・ロサはレティシアの真向かいにあり、ボートで五分とかからない。人を満載した大きな船を一隻見つけたが、ちょうどそのとき出発するところだった。次の船はいつになるかわからない、と聞かされ、がっかりしたわれわれは、することもなく、バナナ畑くらいしかないこのペルー領をぶらぶら歩く。船を待つ、来ない、ようやく来れば乗り損なう……、いつもその繰り返しだ。

河辺に生えるヤシの木陰に腰を下ろし、インディオからまたコカインの話を聞いていた。

「見ろ、レティシアの岸辺は、一昔前は二二五馬力のスピードボートで埋まっていたんだ」と、彼は、今では田舎《いなか》の川岸にしか見えない対岸を指さした。

「オレもそういうボートを一台持っていて、夜中、イキトスから八時間でつっ走ったもんさ」。定期船ではイキトス—レティシア間は四日かかる。そのようなときには、彼も、ふだんは手をつけないコカインを一服したという。「腹も減らないし、眠くもならないんだ」

彼の話では、絶頂期は八〇年代前半だったという。インディオたちは、イキトスで一キロ＝三〇〇ドルのコカインの粗い粉を買いつけてはレティシアに運び、町外れの屋敷で精製し、最終的に一キロ＝四〇〇〇ドルで売り飛ばした。それが一〇キロ、一〇〇キロ単位なのだから、利益は莫大《ばくだい》なものだったろう。

私も、今彼が家族と住んでいるその広大な敷地を持つ屋敷に泊めてもらったことがある。旦那《だんな》とは対照的に陽気なブラジル人の奥さんも「昔は、このうちにすばらしい無線機があって、ペルーのプカルパやティンゴ・マリア（有名なコカの一大集散地）と直接、交信ができたのよ」と、懐かしそうに話していたものだ。

粉や金を狙っての殺人が頻繁に行われていたのもこの頃で、その大半は、仲間の裏切りによるものだったという。インディオも一度、待ち伏せを食いそうになったが、裏切り者たちをさらに裏切った男が内通してくれて助かった。

ポリスは、ペルーもコロンビアも金さえ払えば問題なく、積荷チェックのときはよく五〇〇ドルくらいをレモンに挟んで渡したそうだ。コロンビアの軍の大佐とつるんで仕事をしたこともあるらしいから、今のきびきびした態度や仕事ぶりはその頃身に付けたのかもしれない。

彼は、今でこそ人手に渡っているが、町の中心部に大きな家を一軒持っており、定期的にボゴタやメデジン、ときにはブラジルから買人《バイヤー》が買い付けに集まってきたという。いちばんのお得意先はやはりメデジン・カルテルの連中で、彼自身、ときどき品物を小型飛行機で輸送するのを手伝った（もっとも、「オレは組織に入ってたことはない。オレはいつもフリーランスだ」と、誇り高く物事に細かいインディオはちゃんと付け加えていたが）。

「しかし、コカインは落ち、われわれも落ちた」と彼は重々しく言った。

「それで、オレたちみたいな連中を相手に観光ガイドなんかやっているんだ」と私は軽口を叩くと、「まあ、そうだ」と言ってちょっと笑った。

正直言って彼はガイドには向いていない。実務の能力は高いのだが、客商売に必要な口八丁手八丁的な部分がなさすぎる。それでも、この仕事をやるしかないほど、最近のコカインは暴落しているらしい。暴落の直接の原因は、彼にもはっきりとはわからないようだが、「どうも、マフィアのボスたちが値を抑えているようだ」と言った。おそらく、アメリカの圧力とコロンビア政府の対コカイン強硬政策により、ボスが捕らえられたり、ルートが封じられたり、仲間割れが起きたりして、どこの組織もガタついてきており、一昔前のように、すんなりと商売が行かなくなったのであろう。きっと、アメリカ国内では、逆に、消費者価格が上がっているのではないかと思う。

ボリビア、ペルーからコロンビア、カリブ海を通るルートが難しくなった今、コカインはどうなっているのか。その答えが、私たちが出くわしたテフェの襲撃事件なのだ。つまり、現在はブラジル、中でも、アマゾン河が新しいコカイン・ストリートとなりつつある。この国境地帯にしても、今は、レティシアよりタバチンガのほうが盛んなようだ。

しかし、ブラジルのポリスはペルーやコロンビアとちがってひじょうに厳しく、仕事は危険きわまりない、という。

「もし、オレがタバチンガからマナウスまで運ぶとしたら、運転手代だけで三〇〇〇ドルはもらわないとな」と彼は相変わらず、淡々とした表情で言った。

テフェの事件を思い出した私は「気持ちはよくわかるよ」と心から言った。

＊コカインについて……アジアやアフリカの一部地域と異なり、南米は、ドラッグのチェックはひじょうに厳しい。また、警官とドラッグの売人がグルになって旅行者をおとしいれ、有り金残らず巻き上げるという手口もよくある。ドラッグを買ったり所持したりするのはもちろん、この章で私がやっているようにドラッグ関係者と仲良くしたり、コカインのビジネスに興味半分で首を突っ込むのは、レティシアといえどもたいへん危険なことである。どんなトラブルが降ってくるか見当もつかない。くれぐれも真似《まね》をしないように。

＊コカイン・ビジネス……narcotraficante（麻薬の密輸業）という言葉がよく使われる。また、コカインのことは、漠然とdroga（ドラッグ）と呼ばれるのが最もふつうのようである。

第十三章 最後に出会った アマゾンの中のアマゾン

Iquitos

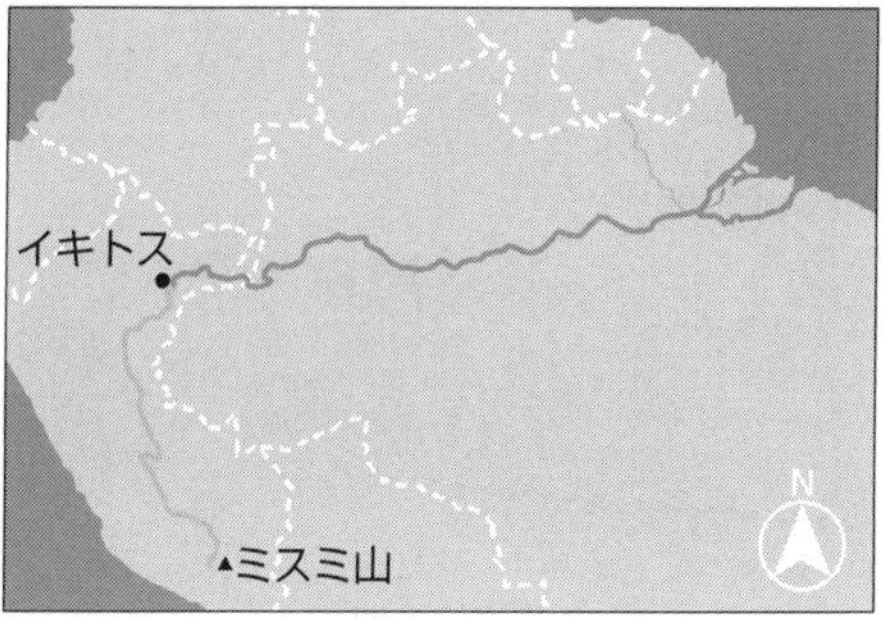

三七〇〇キロの船旅終わる

サンタ・ロサからイキトスまで、四日間、ペルーの船に揺られた。船に乗るのは、これで何と七回目、そしてこれが最後でもある。私は、この船でようやく船旅の楽しさを知ったという気がする。アマゾンに来て、たった一度だけ船に乗るとしたら、ペルーの船がいい。良くも悪くも、〝アマゾンの船旅〟というイメージを裏切らないものがそこにある。

まず、ペルーの船はいいかげんだ、というのがある。いつ到着するか、いつ出発するかわからず、途中の町や村で荷の積下ろしが始まると、いつ終わるかも全くわからない。食事は何と日本風カレーライス、日本人の口にぴったり合うのはいいが、実は単なる粗食で、定員大オーバーの乗客分の食糧はなく、一回の分量は食事のたびごとに貧しくなっていく。

そのくせ、「クリスタル」という、その透き通った名前もクールな、味にしてもいかにも高地からやってきた感じがするペルー産ビールだけは山ほど積まれており、朝から晩まで酔っぱらいたちがクダを巻き、ロレツは回らないが声量は豊かに、妙に懐かしさを覚える哀愁に満ちたペルーの民謡を歌い合う。

アマゾンの少年

ハンモックで
空間をフル活用

すり減った彫り物が至る所に施された古めかしくボロい船内で、それに耳を傾けている垢《あか》ぬけない人々の顔を見ていると、何だか、ド田舎《いなか》の居酒屋にハンモックを吊《つ》って暮らしているような気分にもなる。

ペルーの船は、地元でも〝どろぼう船〟で名高いが、それはあくまで治安のすこぶる良いアマゾンのレベルでの話で、ペルーのその他地域での〝どろぼうバス〟や〝どろぼう列車〟に較べればまだマシというものだ。気を許してはいけないが、泥棒もそれにやられるお人好しもごっちゃになった猥雑《わいざつ》さも、辺境の船旅らしくてけっこういい。

元来、船というのは、他のどの交通機関とも異なる。飛行機にしろ、バス・列車にしろ、点と点を結ぶ移動にすぎないけれど、船は移動そのものが生活だ。しかも、「同じ釜《かま》の飯を食い、一つ所に寝る」わけだから、完全な共同生活になる。それを改めてここで実感する。

例えば、食事の量が少なくて「腹減ったなあ」なんて思っていると、果物やビスケットが何気なく回ってくる。

途中、一度の税関チェック（ペルー入国のため）では、未登録の品物を持っている人たちは、荷物の少ない他の乗客に預かってもらい、難を逃れようとする。これを人々は〝密輸〟と呼んでいるが、運動靴五足とか小さいダンボール一箱の缶詰は〝密輸〟というには、あまりにささやかだ。

私たちは、特にチェックの甘い外国人ということで、そこら中の人が靴やらシャツやらお菓子やらを争って差し出すので、貢ぎ物を受け取る傀儡《かいらい》政権の王様のようであった。また、これも助け合いだ。

そして、夜になれば、寝返りもうかつに打てないほどひしめき合ったハンモック群にみなすっぽり収まる。今さらながら、ハンモックというのはすばらしい発明だと思う。ふつう、寝るというのは平面を埋めるだけだが、ハンモックは空間をフルに活用することができる。

夜中、眠れなくて、寝床から抜け出したことがある。湿った夜風を受けながら、まるで、蚕《かいこ》の繭《まゆ》のように、布に包まれた人間が天井から無数に吊り下がり、弱い電灯の暗がりで、かすかな寝息をたてているのは、何とも言えない不思議な光景だった。

昼の暑い時間は、一人でいるとやるせない。甲板で風を受けながら、他の乗客と世間話、あるいはバカ話をするのが、いちばんだ。ペルーの船では、何よりそれが楽しい。

私がポルトガル語よりスペイン語のほうがよくわかるからでもあるが、一つには、ペルー人自体が面白いということもある。ブラジル人の大らかさ、マイルドさ、自信、余裕に較べ、ペルー人はより直接的で、品がなく（笑い方も変だ。「ケヒヒヒーッ」と笑う）、せわしなく一生懸命である。ペルー人と生まれたからには、本気で生きなきゃ生きられないのだ。だから、ペルーの旅は、トラブルも多いが、彫りが深い感じがして面白い。船の会話もまた然《しか》りである。

幸い、人間も種類が豊富である。ペルーの大統領がフジモリになっただけで、もう、ペルーが日本と義兄弟になって経済の先行き不安なし、と勘違いしているペルー名産のお人好しのおじさん、機械工で仕事をしながら旅をしているというが、本当は何者かよくわからないヒッピーのような男、初めてのブラジル旅行で、「スペイン語がまるで通じなかったのと男女の性関係があまりにフリーであることに愕然《がくぜん》とした」と語る山岳地方出身の隠居夫婦、フランス文学の名作『ボヴァリー夫人』（こんなところで！）を開いてはいるものの、あまりの環境の悪さにページがちっとも進まない日本人そっくりのマジメそうなおばさん、リマで店をやっている目付きの鋭い香港系の華僑《かきょう》、泥棒が怖くて、いつも大きな財布をブラジャーの中に押し込んでいる年増《としま》の未亡人……。

ただ一つ、空手（ニンジャ、カンフー）とテクノロジーの話だけは参る。本当に世界中どこへ行ってもそうだが、どんな話題もみなこれに吸い込まれ、しかもいったん吸収されると二度と脱出できないので、私はこの二つを「話題のブラックホール」と呼んで恐れている。

ちなみに、この二つは全く反対のものに私たちには思えるが、日本から輸出されたテレビ番組『宇宙刑事シャリバン』的なＳＦニンジャを見慣れた人たちの頭には分かちがたいものとして結びついている。

もちろん、このときも、ピンボールで玉が穴に落ちないようにするごとく、慎重に話題をはじいているつもりが、やはり最後は失敗して、話題はカラテとテクノロジーに落ちるのであった。

一度、落ちたら開き直るしかない。ブルース・リーの真似事《まねごと》でも何でもやって見せるのが、異人《まれびと》たる旅行者の務めというもんだ。陽気なおっさんがさらにはしゃぎ、真面目《まじめ》なおばさんも目の色を変えて、例の奇妙な笑いをあげて喜んでくれる。「ヒャッヒャッヒャ」「ケヒヒヒ」……。いや、まったく私は幸せ者だ。

高床式わらぶき（実はヤシの葉ぶき）屋根の家がひっそり立ち並ぶ村とも言えないような集落をいくつ通り過ぎてからだろう、船は最後の旅を終え、イキトスにたどり着いた。

ほんとうのアマゾン

イキトス。アマゾン船旅の終点。何とも言えない解放感を味わいつつ、静かに最後の時間を過ごそうとだけ思って、この街に入った。

思ったより個性的な街である。市街のセントロ（中心）にあたる部分には、どういうわけか、いかにもオリエンタルっぽい字体で書かれた中華飯屋が至るところに店を出し、広場のある繁華街は食い物の屋台が並ぶ。

道を行くのは、これまたどういうわけか、インドのオートリキシャーやバンコクのトゥクトゥクを彷彿《ほうふつ》させる、バイクが客席を引っ張る三輪タクシー、それでタイ人かフィリピン人といっても通りそうな色の浅黒いインディオ系の人たちがサンダルをつっかけ半ズボンで歩いていたり、地図を片手にした白人ツーリストが現地人相手に通じるはずのない英語をまくしたてていたりして、日差しは明るく、緑はまぶしく、気分はすっかり東南アジアという感じであった。

しかし、イキトスの良さを知るためには、ベレン*と呼ばれる地域に行かなければならない。ここは、なかなかびっくりさせられる。

街の中心部の高みから展望しただけでも、湿地帯が広がり、小さなカヌーが行き来し、さらに、もっとむこうには、わらぶき屋根の家が密集しているという相当に独特な、アマゾンらしい風景が見られるが、どんどん近づくにつれ、うなることばかりである。

市場の脇を抜けて、下に降りると、さきほどのヤシぶき屋根で高床式の家が、半ば水につかりながら、大きな集落を形成している。

どぶ川のような水の上をカヌーや大きいボートがまるで車のように家の間をすり抜けるようにして走り、また、その横を膝《ひざ》の上まで水につかり、バナナや魚の詰まったカゴを背負って歩く人たちもいる。

家の足もと、つまり水路の脇には、小さな箱型の小屋がいかだの上にぷかぷか浮かんでいるが、これは便所だ。

もう少し遠くに行くと水もややきれいになる。とはいえ、近所の子供たちがバシャバシャ歓声をあげて泳ぎ回るそのすぐ横で、真剣な顔で投網《とあみ》を投げている漁師がいるのには、さすがにあきれる。

これらはみな、浸水した通りで行われており、水が減れば、全部陸地になり、水路はそのまま街路になるというから大したものだ。私たちは、その間をカヌーを借りて遊覧したが、こういう姿こそ、われわれのイメージにあるアマゾンだ。観光地だと甘く見ていたが、イキトス恐るべしである。

そして、何よりもたまげるのは、ベレン市場である。

私は、アマゾン最後の日の朝を忘れることができない。市場へふらっと出かけた私たちは、あまりにバラエティー豊かなアマゾン産品にア然とした。見たことも聞いたこともない果物や野菜、名前だけ知っているが「えっ、これが!?」という動物、見たことはあるがそれが食い物だということは知らなかった生き物、食い物だということは知っていたがこんな奇抜な売り方をするとは思わなかった魚や水中動物……etc。

こんなこともあった。私が、野球のボールよりでかい巨大タニシをためつすがめつしていたところ、ふと、そばを何か変なものが通り過ぎたのに気づき、振り向いた。我が目を疑った。人の背たけほどもある大ナマズが人込みの中を立ってよたよたと歩いていたのである。

「ああっ、ナマズが歩いてる!」。取り乱した私は思わず叫んだ。走って近づくと、そのナマズには足があることがわかった。インディオのじいさんが裸足《はだし》でよろめきながらそれを背負っていた。じいさんがあまりに小さくて、後ろからは全くナマズの影に隠れてしまっていたのである。

ナマズも歩くベレン市場! アマゾンの中のアマゾン。ここをわれわれのアマゾン船旅最終地点と定めたい。そういえば、アマゾンの旅が始まったのも、ベレンである。ベレンに始まり、ベレンに終わる。そして、市場に始まり、市場に終わる。そうして、私は、円に閉じたアマゾンを自分の中にしまい込む。

＊ベレン……アマゾンを代表する二つの市場は、「ベレンのベロペーゾ市場」と「イキトスのベレン市場」である。紛らわしいが、〝ベレン〟とは、キリストの生まれたベツレヘムのことだから、それにちなんだ名前がいくつもあるのはしかたない。

終章　アマゾン源流

EPILOGUE The Source

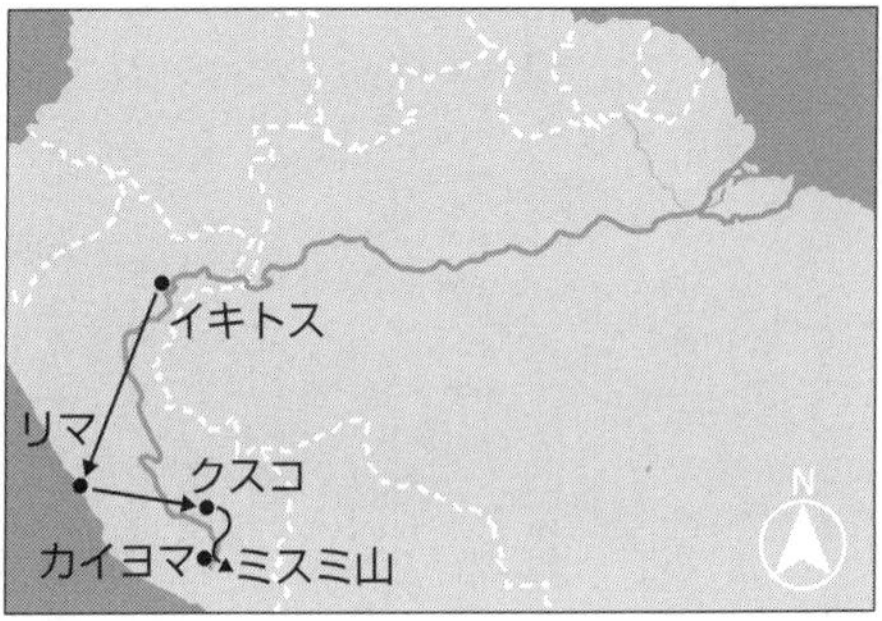

インカ帝国の旧都にしてアンデス観光の中心地クスコでも、〝カイヨマ〟という町のことを知っている人はまずいない。毎日何十人という旅行者をさばいているだろうツーリスト・インフォメーションの愛想のいい案内係の若い女性たちも、その名前を聞いたときだけ、額にしわを寄せ、ついで顔を見合わせた。ホテルのフロント、本屋の店員も首を振る。私たちが会った中でその町のことを知っていたのは、民芸品屋のばあさんくらいであった。

イキトスで船を降りた私たちは、今度は飛行機で一気にクスコへ飛んだ。長袖《ながそで》シャツにセーター一枚くらいしか持っていなかった私たちは、熱帯アマゾンから較べると恐ろしく寒いアンデスの気候に文字通り衝撃を受け、慌てて防寒具を求めて奔走した。

ある店で、ウールの、作りは雑だが生地はしっかりしているコートを買った。金を払ってから気づいたことに、それには前を閉じるボタンが一つしかついていない。

ここで妥協すると、ベレンの蚊帳《かや》のように、また後で高いツケを払わされることになると思った私は、ボタンをあと二つつけてくれと頼んだ。インディオのそのばあさんは、面倒くさいらしく「ボタンがない」とか「これで十分だ」とか言って聞き入れない。

いらいらした私は、「ボタンをつけてくれっていうのがわかんないのか!! オレたちはカイヨマへ行くんだ!」と意味もなくわめいた。

すると、驚いたことに、ばあさんは「カイヨマ? そりゃたいへんだ」と態度を改め、隣の店にボタンを借りに行った。ばあさんは、あっという間にボタンをつけ終わったコートを差し出し、「カイヨマは寒いよ。ここが真っ黒になっちまうよ」と、乾いた手のひらを自分の両頬《りょうほお》にあてて言った。寒いところは標高が高い。紫外線のキツい直射日光で日焼けするのだ。

カイヨマ、標高四六〇〇メートル、おそらくアンデス山脈のうちでも最も高いところに位置する町の一つ、鉱山の町、そして、アマゾン最長源流のたもとにある町である。

ただアマゾン源流というなら、コロンビアにもボリビアにも水源はあるし、ギアナ高地も世界最大の湿地帯パンタナールもアマゾン河の源《みなもと》の一つといえなくもないが、最も河口から遠い源流、すなわち、アマゾン河の長さを六七七〇キロメートルと計算する起点はただ一つ、そのカイヨマからいくばくか行ったところにある〝ミスミ山〟という山なのである。

私たちは、この旅の仕上げに、アマゾン河誕生の地を一目拝んでみようと思ったのだ。

久々に陸路の旅である。何しろ情報がなく、どうすれば目的地にたどりつけるのかわからない。地図を広げ、そっちの方面に向かうバス路線を探し出し、乗り、乗ってから、次

リャマ君とカイヨマ

にどこでどのバスに乗り換えるか、人々に訊《たず》ねる。

はなっから観光ルートをはずれているとはいえ、クスコやマチュピチュに掃いて捨てたくなるほどいた外国人ツーリストがウソのように消え失《う》せてしまっていた。私たちの周りにいるのはインカの末裔《まつえい》たちばかりだ。

しかし、この人たち、いったいどうして、こんな珍妙な格好をしているのだろう。特に、女たち。チャップリンみたいな帽子をちょこんと頭に乗せ、ふわふわのスカートに、長い三つ編みを物語の少女のように腰までたらし、しかもお下げの先っぽはお互いヒモで結んでいて、必ず、千葉の野菜売りのおばあさんではないが、カラフルな風呂敷包みをしょっている。

この奇妙さは、スタイルそのものが、昔のスペイン人、つまり、当時の侵略者のもの、しかも、スペインの農婦が南米に来るわけないから、貴婦人のものから来ていることによる。だから、一枚一枚がやたらお上品で薄く、あまりにここの気候や文化に合っていない。

結局、彼らのとった解決策は、服装自体はそのまま、寒いので何重にも重ね着し、布地は色鮮やかなインカ的模様に変え、つまり、早い話が、カラフルに着ぶくれたのだった。

それでいて、素足にサンダル、顔は、クスコのばあさんが言っていたように、カイヨマに近づくにしたがって黒くなっていく。

やはり無口な人が多く、バスの車内には、空を舞うようなフォルクローレが淡々と響き渡る。バスは、ときに、牛が草をはむ広い高原を走り、ときに、険しい山の縁を刻みつけるようにキリキリと登っていく。

あー、どうして自分はこんなところにいるんだろう、と思う。毎日、熱い日差しの下で、森と水ばかり見ていたあの長い時間はどこへ行ってしまったのか。アマゾンへの懐かしさとアンデスの異国情緒が交錯する。

とはいうものの、このときの私は、とてもそれをゆっくり楽しめる状態ではなかった。風邪《かぜ》が治りきってなかったうえ、高山病に打ちのめされていた。高山病は体質による。小さな子供でも平気なところで、本格的な登山家がへばることもある。そうは言っても、パートナーの鈴木さんがぴんぴんしているのに、私一人がバスの振動と共振してガンガン来る頭痛にうめいたり、息苦しさで酸欠の金魚みたいに口をパクパクさせているのは、どうにも情けない。

私は、このとき、自分の身体があまりに完全に自然にコントロールされているのに驚いた。何しろ、比較的低いところを走っているときはまだいいのだが、山を登り高度が増すと途端に動悸《どうき》や口パクが激しくなる。そのつらさで、私には、今、バスが標高三五〇〇メートルくらいを走っているのか、それとも三八〇〇メートルか、あるいは四〇〇〇メートルを超えているのか、ほぼ間違いなく判断することができた。ほとんど人間気圧計である。

この苦しみを少しでも和らげるために、私は、コカの葉をしゃぶっていた。アンデスの町ではどこでも、ビニール袋にいっぱい詰まったコカの葉がひじょうに安く手に入る。これを、ひと摑《つか》み、やや多すぎるんじゃないかというくらいの量を口に押し込む。とりわけマズくはないが、うまいというものでもなく、最初は葉が口に馴染《なじ》むまで少し時間がかかる。

よく、本には、「インディオは、コカの葉をくちゃくちゃ噛《か》んでいる」と書かれているが、これは誤りである。私は、初め、よく知りもしないくせに知ったかぶりをして、何食わぬ顔でくちゃくちゃ噛んでいたら、たちまち細かく千切れた葉っぱが喉《のど》の奥に貼りつき、息が止まって悶絶《もんぜつ》しかけたことがある。

決して噛んではいけない。唾液《だえき》である程度湿らせてから、ちょうどサルが頬袋に食べ物を貯めるように、口の両脇に葉を貯め、そこから染み出る苦味のある汁をちゅうちゅう吸う。十五〜二十分くらいで味がしなくなると、また葉っぱを取り替える。

ときどき、バスの床に、消化不良のベジタリアンのウンコのようなものが転がっているが、これは役目を終えたコカの残がいである。その交換を何度か繰り返しているうちに、効き目が表れてくる。

息切れや動悸が収まったり、神経がマヒするわけでもないが、あまり気にならなくなってくる。ちょうど、ランニングや水泳で、ペースをつかむとその苦しさに慣れて安定していくのに似ている。息苦しさがなくなるのではなく、息苦しい自分に慣れるのだ。

ちなみに、「コカは高山病に効くが、長いこと使用していると、そのうち中毒化して社会復帰できなくなる」という話を頻繁に聞かされるが、これも完全なウソである。コカとコカインを混同してはいけない。コカインはコカに含まれる十四種の薬用成分の一つで、その割合は全体のたった〇・五パーセントにすぎない。しかも、その他の成分は、コカの作用を緩和させる方向にはたらくと言われている。

前にも言ったように、精製されたコカインは、いちばん粗いもので純度二〇パーセント、最高で九九・九パーセントなのだ。コカでコカイン中毒になったら、毎晩、食事前にビールをコップ一杯飲む人はみなアル中になる。

それから、「アンデスのインディオは、コカを常習しているので寿命が短い」とまことしやかに語る人がいるが、これも科学的な根拠は全くない。こういうことを言う人たちは、えてして、〝コカ＝コカイン＝麻薬〟という短絡思考で、「麻薬を毎日やっているんだから、早死にするだろう」と勝手に思い込んでいるにすぎない。今まで、コカの使用とインディオの寿命について研究した人は誰もいないし、たとえ試みても因果関係を立証できるとは思えない。

コカについて言われるネガティヴな話でただ一つ信憑性《しんぴょうせい》があるのは、「アンデスにおけるコカの使用は、スペイン人の征服者が現地人をこき使う手段として、もしくは、こき使った労働者に払う給料という形で、コカの葉を与えたことで広まった」という説くらいだろう。あるいは、その戦略を始めたのはスペインの征服者ではなくインカ帝国の支配者だったかもしれない。

いずれにしても、ここまでコカの葉が普及したのは、大きな統一国家が現れ、コカを政治的に、また商品として利用した結果にちがいない。というのは、コカは、純粋に熱帯産の植物で、はるかアマゾンのジャングルから〝輸入〟しているものだからだ。

しかも、アマゾンのインディオの間にすら、コカは決して普及しているわけではない。高山病だけでなく、仕事しても疲れないとか、空腹を感じないといった様々な効果があるにもかかわらず、これを愛好しているのは、少数の部族に限られる。しかし、だからといってコカだけを権力に利用されたと非難するのは不公平だろう。

話はそれるが、だいたい、コーヒー、茶から酒、タバコ、さらに大麻、コカイン、ヘロインに至るまで、嗜《し》好品《こうひん》や薬物といったものは、「それが魅力的だ」という理由だけで広まることは決してなく、他の文化と同様、必ず背後に歴史的・政治的な理由がある。例えば、一部の中東のムスリムが大麻を好むのは、彼らが不道徳なのではなく、一つには、イスラム教が「アルコールは不道徳だ」と決めてしまったために代わりのものを見つけたという理由があり、アメリカ人がコーヒーを飲むようになったのは、独立戦争のエピソードとして有名な〝ボストン茶会事件〟で、港に紅茶をたたき込んでしまったために、以後イギリスから輸入がストップされてしまったことと無関係ではない。

アマゾンのインディオの場合、部族によってタバコを吸うとかコカをやるとか幻覚剤しかやらないとか、まず決まっており、例えば、コカの習慣のない部族の人間が「オレはこれが好きだ」と言って、よその部族からそれをもらって一人で楽しむなんてことはちょっと起こりそうにないし——何しろ、よその部族の嗜好品は軽蔑《けいべつ》することが多い——、もし、そのような人間がいたら、よほど変わり者と思われるだろう。

ただ、もし、その変わり者が部族の酋長《しゅうちょう》であったりすると話はガラリと変わり、村の人みんながこぞってコカ党に鞍替《くらが》えするということは大いにありえる。それが、文化というものだろう。

しかし、まあ、そんなことはどうでもよく、私がコカにだいぶ助けられたので、その恩義を感じて少し弁明しただけの話だ。それにしても、アンデスに来てまで、苦しんでいる旅行者に特効薬を贈ってくれるのが、アマゾンというのも面白い。

クスコを出て三日目か四日目、バスをいくつか乗り換えたあと、「ここで降りなさい」と、道路が二股《ふたまた》に分かれたところで荷物とともに外に放り出された。ここがカイヨマへ通ずる道の分岐だが、バスは週一本だけなので、ヒッチハイクをするしかない、と言うのだ。

ちょうど夜中の十二時、辺りは人家もなく真っ暗闇《くらやみ》で、目の前に巨大な岩壁がそびえ、背後では川がごうごうと流れていた。冷え込み具合と息苦しさから推定して標高四〇〇〇メートルのアンデス山中に置き去りになってしまった。鈴木さんと顔を見合わせた。

が、思ったより交通量はあり、一時間後には空のトラックを捕まえることができた。このトラックの荷台で過ごした晩も忘れられない。岩だらけの山道で車の揺れ方はハンパでなく、私たちは自分が上に座りこんだザックにしがみつき、ザックごとぴょんぴょん跳びはねながらも何とかこらえていた。トラックは、道の悪さも私たちの居心地の悪さも意に介さず、山をぐいぐい登っていく。

寒さと振動で感覚がマヒしてきた頃、私はトラックが白いホコリのようなものを巻き上げているのに気づいた。何だろうと、ヨタつきながら立ち上がり、かなり高い荷台の柵越《さくご》しに外を覗《のぞ》いて驚いた。

辺り一面、真っ白の雪景色だった。しかも、高い山々の頂が、いくつも間近に見え、トラックのすぐ足もとには底が見えないほど深い渓谷が口を開け、それらが満天の星の輝きを受け、ぼんやりと白く浮かび上がったり、青い影に沈んでいたりしていた。

目が回った。幻覚を見ているようだった。おそらく、高度五〇〇〇メートル、この辺りが峠だったのだろう。後は、少しずつ下って、夜明け前にカイヨマに到着した。

〝地の果ての町〟――いささか月並みだが、それが私のカイヨマに対する正直な印象である。行ったことはないけれど、写真で見たことのあるチベットや中国のウイグル自治区を連想させるところもある。

ここが曲がりなりにも町として機能しているのは近くに鉱山があるからだ。兵士たちがかなりいるので「アマゾンの源流を守っているのか？」と思ったが（いったい何から守るのだ!?）、よく考えれば、そんなことを重要視しているのは私たちのような物好きの旅行者だけで、地元の人たちは、歯牙《しが》にもかけていない。兵隊が守っているのは、もちろんゲリラのターゲットになりうる鉱山のほうだ。

当たり前の話だが、カイヨマの人間はアマゾンなんて見たこともない。アマゾン河の最長源流——それは旅人の心の中にある作り話のようなものだ。そして、作り話をまっとうすることが、私たちの願いであった。

幸い、この集落でたった一つの宿屋のおかみは、「ミスミ山へ行きたい」という私たちのために、彼女曰《いわ》く「うってつけのガイド」を紹介してくれた。それは、これといった仕事もなくブラブラしている彼女の甥《おい》であった。

エミリオというこの若者は、しかし、珍しいくらい真面目《まじめ》でしっかりしており、ミスミ方面の地理にも明るく頼りになった。

当時は雨期で川は増水し道もどろどろで車がハマッてしまう恐れがあり、誰もが私たちに車を貸すのを嫌がったが、エミリオの説得でようやく一人の男が、二日間だけという約束でトラックを出してくれることになった。

朝早く、カイヨマを出たオンボロトラックは南へ向かった。すぐに、一般道から分かれ、山道へ。運転手のオヤジは、アクセルとブレーキを瞬間的に切り替える〝ヒール&トウ〟のF1テクニックを見せる。ブレーキがよく効かないだけなのだが。

やがて、平坦《へいたん》な土地に出る。行く手に広がるのは、岩、山、雲、空のみ。これが高地の世界だ。

たまに、石造りの家とアルパカの放牧に出会う。リャマや羊、そして、三八〇〇メートル以上の高地に生息する、このキリンと羊のあいの子のようなへんてこな動物を飼育するのが、この辺りに住む人々の主な生業《なりわい》である。車に気づくと、みな一斉に長い首を伸ばしてこちらを見るのが面白い。

また、あるときは、何もない荒野を遥《はる》か彼方《かなた》からたった一人で歩いてくる男に行き会った。このハードボイルド調の男が背中におぶっていたのは、二匹のアルパカの赤ん坊だった。ムチャクチャかわいい。このおっさんの実の子供みたいだった。

一本道は、ところどころ小さな川に遮られる。その都度、石をどぼんっと投げ込んで深さを確かめては、じゃばじゃば渡る。アマゾン最長源流の川をアプリマク川と呼ぶが、それすらもうここにはない。無数の小さな川筋が源流だ。ときに、あふれる水は、貧弱な岩だらけのトラック道をも流れる。これもアマゾンの源流である。

三時間ほどして、パリワナという湖に到着する。どういうわけか、こんなところにフラミンゴがいる。われわれが近づくと、突然、羽を広げ、ショッキング・ピンクの体毛を見せながら、群れは対岸の方へ飛び去ってしまった。ここの人たちが捕らえるので、恐れているという。フラミンゴは、おいしいらしい。私たちが写真を撮っている間に、ガイドと運転手は投網《とあみ》を持ってマス獲りに。この辺りは、マスの名産地でもある。

再びトラックで出発する。新しい山が見えると、「あれがミスミか？」と勢い込んでたずねるが、そのたびにエミリオは笑って、「まだまだ」と答える。ミスミ山は遠い。ちらりとも見えないうちに、トラックは止まった。道が途切れ、「これ以上進めない」と運転手は首を振る。

エミリオが言うに、ここから歩いて一時間くらいのところに彼のイトコの家があり、そこで、もしかしたら馬を借りられるかもしれない、とのことである。私たち二人が馬に乗れるのか、いささか疑問ではあったが、ここまで来た以上、私は馬でもゾウでも乗るつもりだった。私たちをトラックに残し、エミリオら二人は、出かけたはいいがそれっきり何時間も戻ってこない。

ようやく、夕方近くに帰ってきたが、「馬はなかった」という。これで、ミスミ行きは絶望となった。もし歩けば、片道十時間。今の私たちには、そんな体力も時間もない。しかたない。その日は、エミリオのイトコの家に泊めてもらうことにした。

また、高度が上がったらしく、息が苦しい。岩のほかには、苔《こけ》と、アルパカの食うヤマアラシの毛のような堅い草、それに水たまりしかない不毛な土地をよたよたと歩き、日が暮れる頃、ようやく、山のふもとにへばりついている一軒家に着いた。ここから先には、人の住む家はわずか一軒しかないという。

まだ二十歳《はたち》そこそことおぼしき若い主人夫婦のほか、その子供とばあさん、そして百頭あまりのアルパカが暮らしていた。疲れて腰を下ろすと、赤ん坊のアルパカが、親と間違えてビービー泣きながら私の股ぐらに顔を突っ込んできた。この家も、アルパカと一心同体に生きている。

冷え込んできたな、と思えば、大粒のヒョウが降ってきた。パラパラ、パラパラ、地面がたちまち白くなる。寒いので、小屋に入らせてもらった。石を積んで、隙間《すきま》をアルパカの糞《ふん》で固め、屋根は草ぶきで家というより〝かまくら〟と言ったほうが近い。中に、小さなカマドがあり、何か煮込んでいるらしくとても暖かい。

料理しているのは、娘みたいな若い奥さんだが、燃料が貧弱な灌木《かんぼく》やトウモロコシの芯《しん》、アルパカの乾燥糞くらいなので火力が弱く、さらに標高四七〇〇メートルともなれば、気圧も低く大鍋《おおなべ》ひとつ煮立てるのも大変なようだ。それでも、赤々とした炎に、鍋のぐつぐつ煮立つ音を聞くと、ほんとうに心が休まる。できた夕食は、アルパカの肉のスープに豆と米を煮込んだ雑炊のようなもので、この環境においてこれ以上ないというくらいうまかった。

もう、何も言うことはない。ミスミ山まで行けないなら、明日、この家の正面にそびえるチュワニア山に登り、ミスミ山を一目見ようと決めた。

朝気づくと、雨がしとしとと降っていた。前夜は、呼吸が苦しく咳《せき》もひどく、あまり寝た気がしない。若い奥さんは、早朝から元気よく働いているが、ときおり外に出ては、大きな奇声を発する。アルパカに話しかけているらしい。

雨はやまず、ひじょうに内気なここの家族の会話に割ってはいることもできず、暗がりの中で、じっと手を見る。ここ四～五日、風呂に入っておらず、手の甲はかさかさに乾き、土ボコリで赤茶けている。これで、いつの間にか垂れている水《みず》っ洟《ぱな》でもぬぐえば、完全にこっちの人と同じような手になる。唇もガサガサで、鈴木さんのを見ると、やはりガサガサで赤黒く変色している。雨が降っても乾いているというのは、どういうことだろう？

雨はまだ続いていたが、時間がないので出発した。歩き始めて、あっという間に、呼吸と心臓が全力疾走しているようになり、もう頼れるものはこれしかないというコカの葉をしゃぶりながら、必死の思いで急斜面を登る。

少し行くと、もう万年雪が残っている世界だった。ハイ松と岩の中、辺りは霧で、自分たちの行く手も真っ白で見えない。今まで、元気だった鈴木さんもさすがに山など登ったことないので、急激に消耗している。私も、「ここは頑張りどころだ」と思い、苦いコカの葉を頻繁に取り替え、雪の斜面にステップを切る。

二時間くらいして、ようやく五三〇〇メートルのチュワニア山のピークにたどりつく。

「ここがミスミを見るのに最も適したところなんだ」

エミリオは微笑《ほほえ》みながら言う。が、白いガスにびっしり覆われて何も見えない。寒さに震えながら、岩だらけで日本の山の頂上にそっくりなこの場所で、何とか霧が晴れないものかと空《むな》しい期待を抱《いだ》いて待った。これで終わってしまうのだろうか……。

どのくらい時間がたったか、よくは憶えていない。急に、まったく急に、あたりは陽の光で明るくなり、霧が切れ始めた。まるで魔法が解けたかのように、ガスの中から、素晴らしいとしか言いようのない景色が現れた。ここに、われわれが、何だかよくわからんが必死でたどってきたアマゾン河の源流部を一望する三六〇度の大パノラマが開けたのである。

まず、この山のすぐ横に、赤茶けてその上に雪をかぶった、いかにも火山っぽいサニ山、その向こうに、山頂がぎざぎざに尖《とが》って格好のいいチュンガラ山、さらに南に視点を移すと、スイス・アルプスを思わせる――こっちのほうがずっと高い山だが――チョケコラワの連峰が豪快に広がっている。

そして、その左わき、最後の最後に現れたのが、ミスミ山であった。

うっすらと雪に覆われたミスミ山

見た感じ、標高はここより少し高い程度、こちら側はなだらかで、うっすらと雪をかぶっていた。拍子抜けするくらい平凡でパッとしない山であった。思わず、顔がほころんだ。

「トンビがタカを産んだってやつか」

これが、大アマゾン河の最源流なのだ。

実際、今、目の前に見える光景が信じられない。ミスミから流れる川筋が、パンパと呼ばれる平原をうねうねと蛇行しながら私たちの足もとを通りすぎ、カイヨマの方向へ消えていく。この流れが、一瞬も途絶えることなく、六七七〇キロも旅して、最後には、あのベレンの河口にまでたどり着くのだ。

私たちがあまりに喜んでいるので、ガイドとイトコは面白がっていた。私は、ケチュア語の言葉を一つ習った。

「コセスカ・カニ」――〝満足している〟という意味だ。

旅は終わった。

さらば、アマゾン。私たちは、降りしきるヒョウの中をゆっくりと下っていった。

文庫版あとがき

本書はひじょうに奇異な運命をたどった本である。

発端は、私が大学六年生のとき、知人のアレンジメントで、ダイヤモンド・ビッグ社のガイドブック「地球の歩き方／フロンティア・シリーズ」を一冊書かないかという話が来たことに帰する。フロンティア・シリーズというのは今はもうなくなってしまったが、北アフリカ、アラブ、タイ北部など、当時、旅行者があまり行かない（と思われていた）地域を対象としていた。

私はそれまで主にアフリカのコンゴに通っていたが、何度か「コンゴなんてアマゾンに較べれば大したことないよ」という声を聞いており、アマゾンに興味をひかれていた。当分卒業の見込みもないことだし、この機会を利用してアマゾンを自分の目で見てやろうと思ったのである。

ところが、実際に仕事を引き受けてみたら出版社側と私の意向がいろいろと食い違ってきた。

まず、取材期間の問題。出版社側は期間を「一ヵ月」と定めた。

「あの巨大なアマゾンを一ヵ月で取材してガイドブックを書く？」

私も、同行を承諾したカメラマンの鈴木邦弘さんも耳を疑った。ガイドブックを書かなくても、アマゾンを旅行するには最低四ヵ月かかるというのが私たちの一致した考えだった。しかし、予算は限られている。結局、私たちはギャラ（原稿料もしくは撮影報酬）を一切放棄し、その分を取材の予算にあてることで同意を得たのであった。私はまだ学生であったし、「ただでアマゾンに行けるなら文句は言えない」と思った。鈴木さんはすでに三十歳を過ぎ、結婚したばかりだったが、「いろいろなカメラ機材をアマゾンで試したい」という欲求が強く、私と同じ結論に達したのであった。

また、私の後輩である宮沢信也という男を私たち二人とは逆コースでたどらせることにした。そのとんでもない顚末は本文に記したとおりであるが、それもひとえに「よいガイドブックを作るため」であった。

さて、予定どおり四ヵ月の取材旅行を終え、帰国し、「さあ、これから執筆だ」という段になって、またもや誤算が生じた。私はふつうに旅行案内を書いているつもりなのだが、「自分が見たアマゾンをできるだけリアルに伝えたい」と思うあまり、いつの間にか旅行記になってしまうのだ。途中でそれに気づき、「ちょっとまずいかな」という思いが脳裏をかすめたが、かすめただけで脳の中心を直撃することはなかった。それどころか、書き進めるうちに気分が乗ってきて「いいや、このまま源流まで行っちまえ！」と加速し、実際にそれで河口から源流までの話を書きあげてしまった。

ただ、非常識な私もさすがにこれだけではガイドブックの体裁をなさないことぐらいは理解していたので、アマゾンの概要、歴史、行き方から始まり、各都市の案内、船の乗り方、ジャングル・ツアーのやり方、そしてスペイン語とポルトガル語の簡単な会話まで網羅する「ガイド部分」を四〇ページほど巻末に付けた。私は旅行中もその前後もガイドブック作りに真剣に取り組んでいたのでそのくらいはできたのである。また、後に「グレート・ジャーニー」で有名になった探検家・関野吉晴さんら数名のアマゾン経験者にエッセイを寄稿してもらった。この「ガイド部分」の執筆には本文執筆と同じく三ヵ月を要したが、全体を眺めれば、やはり「旅行記におまけとして旅行情報が載っている」というくらいにしか見えない。

原稿を見た出版社側は驚愕した。当然であろう。ガイドブックを注文したのに旅行記ができあがっていたのだ。カツ丼を頼んだらトンカツが出てきた、いや豚ショウガ焼定食が出てきたほどの驚きだったかもしれない。後で聞いたところによれば、社内で相当揉め、「こんな企画は没にしちまえ！」という声も上がったそうだ。しかし、製作総責任者の西川敏晴さんが「この話はおもしろい」と言って、反対を押しきってくれた。誠にもって大英断である。

ただ、明らかにそれまでの「フロンティア・シリーズ」と形態がちがう。当時、日の出の勢いだった同社は、この本のために「地球の歩き方・紀行ガイド」という新シリーズを創ってくれた。というか、創らざるをえなかった。これはかなり無理のある解決法だった。その証拠に、このシリーズは本書一冊だけで後続がまったく出なかった。

刊行後、当然の報いではあるが、このへんてこりんな本は不遇であった。「ガイドブック」と銘打ってあるので、新刊のコーナーに並ばない。もちろん、書評にも取り上げられない。誰もこの本が出版されたことに気づきもしないのだ。では、ガイドブックとして活躍したかというと、そんなこともなかった。装丁が旅行記風であるのもよくなかったし、だいたい、アマゾンで船旅をしようなどと思っている人間はそうそういるものではない。書店も取り次ぎもそのくらい重々承知であったらしく、本屋で日々陣地を広げていた「地球の歩き方」コーナーの一角にも滅多に仲間に入れてもらえない。まさに鬼っ子だった。

しかし、反響は皆無ではなかった。少なくとも、この本を読んで感銘を受けたという若者に二人出会ったことがある。片やタイのチェンマイで、片やケニヤのナイロビで、ともにレストランで飯を食っていて同じ旅行者の立場で話をしていたら、偶然、私が『アマゾン』の著者だとわかったのだ。二人とも異常なくらい興奮し、「ものすごく感動した。ぼくにとってバイブルみたいな本です」というようなことを夢中で訴えていた。私はこれまで本を六冊書いており（二〇〇三年一月現在）、この本がいちばん売れなかったものだと思うが、見知らぬ人に（しかも複数の人に）これほどストレートに感激されたことはない。

妙なことに、話をいくら聞いても、いったいこの本のどこが「バイブルみたいな」感動を与えるのか、二回ともわからずじまいであった。今でも見当がつかない。ただ、鬼っ子にも鬼っ子なりの存在価値があるらしい。もしかしたら、ディープなバックパッカーの間でカルト的な人気を誇っていたのかもしれない。

こうして、ごく一部の（たぶん変わり者の）人にだけ過大な評価をされたものの、売れ行き絶不調のまま、この本はいつの間にか絶版・断裁処分されていた。私の手元にはたった一冊残っただけである。古本屋にも出回っていない。幻の本となったわけだ。

強いてこの本の初版本を探すなら、いちばん可能性があるのは福島県白河市の古本屋だろう。別に同地にアマゾン専門の古本屋があるわけではない。カメラマンの鈴木さんの故郷だからというだけの話だ。鈴木さんは前述したように、アマゾンへ行く数ヵ月前に籍を入れていたが、帰国後、郷里で式を挙げた。そのとき、引き出物としてこの本を親戚縁者友人知人に配ったのである。その数、百数十冊と聞く。もっとも、その後ほどなく、白河市は台風の影響で大洪水に見舞われ、多数の家が床上浸水してこの本が町中《まちなか》を何十冊となくぷかぷかと漂っていたという目撃談がある。アマゾン河を旅する本が白河市内をやはり水路で旅していたことになり、奇妙な成り行きだが、なんとなく腑に落ちる感じもする。

さて、このほど奇跡的にこの本が文庫という形で十二年ぶりに復活した。文庫化にあたって、まず問題の「ガイド部分」をスパッと切り落とした。さらに、初版本では鈴木さんの美しいカラー写真をふんだんに使い、「文と写真の旅行記」であったのだが、文庫という性格上、カラー写真は最小限に止めることになった。残念だが仕方がない。その代わり、初版本では苦情が続出したほど文字が小さかったのが、ふつうの大きさになった。読者の方が純粋に物語を楽しんでいただけたなら幸いである。

最後に、初版本で企画を持ち込んでくれた永田敏章氏、同じく当時の編集担当であった伊勢京子さん、それから今回の文庫化でお世話になった集英社文庫編集部の山田裕樹編集長と堀内倫子さんに御礼申し上げます。

解説

浅尾敦則

ここ十年あまり、通りすがりの古本屋に立ち寄っては、高野秀行の『アマゾンの船旅』をずっと探し続けていた。残念ながら、いまだ入手するに至っていない。というか、見かけたことすらない。いくら世に出回っている絶対数が少ないとはいえ（そして、さほど熱心に探しているわけではないとはいえ）、十年間古本屋を巡り歩いて一度も目にすることができないのだから、これはもう堂々たる幻の本である。

ところがその幻の本が、このたび『巨流アマゾンを遡れ』と改題され、集英社文庫からひょっこり復刊されることになった。そう、あなたがいま手に取っていらっしゃるこの本がそれです。

ほとんど忘れ去られていた（というより、はなから知っている人がほとんどいなかった）この傑作を人々が再び手にできるのはとても素晴らしいことだ、文庫化とはすべからくかくありたいものだと、その復活を心から喜びつつも、内心、「私がこの本に費やしてきた十年間の努力はいったいどうなるのだ」という思いが、まったくないわけではない。

「どうせ文庫にするならもっと早くしてくれりゃよかったのに」と、愚痴のひとつもいいたくなる。しかし、「愚痴はよそうぜお富さん」という歌もあることだし、この際それは口にすまい(もうしてしまったが)。その代わりといってはなんだが、これを私にとっての失われた年月にしないためにも、その十年がいかにして始まったかを手短に記しておきたい。

そもそも、私が高野秀行という異能ライターの存在を知るきっかけとなったのがこの『アマゾン』である。これを読んでたちまち彼のファンになった私は、会う人ごとに本を薦めるだけでは飽き足らず、書店でこの本を見かけるたびに購入しては、知り合いの雑誌編集者に勝手に送りつけたりしていた。送られてきた本を手にした彼ら編集者がどのような反応を示したかは定かでないが(少なくとも、送り主である私に対しては何のリアクションもなかった)、『アマゾンの船旅』がそれからほどなくして絶版の憂き目に遭ったことと考え合わせると、おそらく、ほぼ無視されたものと思われる。

だが、この早すぎる絶版は私にとっては大きな誤算であった。購入しては人に送りつけるということを繰り返していたため、すでに十冊は購入していたにもかかわらず、私の手元には一冊も残っていなかったのだ。

かくして私の古本屋巡りが始まった。

最初のうちは、すぐに見つかるだろうとたかをくくっていた。というのも、この本は

『地球の歩き方』という旅のガイドブックを出している出版社から、旅行ガイドの別冊として発売されていたからである。本書を読めばすぐにわかることだが、これは一般人が旅の手引きにできるような代物ではない。たとえ著者が冒頭で、「最後の源流への旅を除けば、どれもこれも、普通の旅行者が普通に行ける旅である」と書いているにしてもだ(「コロンビア・コカイン・ストーリー」の章では、「ドラッグ関係者と仲良くしたり、コカインのビジネスに興味半分で首を突っ込むのは……くれぐれも真似をしないように」なんて註釈をつけたりしているけれど、こんな註が入っているガイドブックなんてあるか⁉)。

旅行記としては抜群に面白いのだが、フツーの人間がこんな旅をするのはむちゃというもので、まともな読者であればすぐそのことに気がつくはずだ。従って、ガイドブックと勘違いしてこの本を買った人は「これは役に立たない」と判断し、即座に古本屋に叩き売るだろう──と、こう考えたわけである。

だが、私の予測は外れた。いくら古本屋を探し歩いても見つからないのだ。勘違いした人が意外と少なかったのか、あるいは、勘違いして買ったものの、そのあまりの面白さゆえに手元に残したのかは、よくわからない。ただ、いちばん大きな勘違いをしていたのはこれをガイドブックとして発売した当の出版社だったんだろうな、という推測だけは当たっていると思う。

そうこうするうちにも、高野秀行は数年に一冊のペースで新しい本を出していった。そして私はというと、古本屋巡りを続行しつつ、その後出版された『怪しいシンドバッド』や『ビルマ・アヘン王国潜入記』などの本によって中毒症状をさらに悪化させ、彼の本を本屋で見つけてはせっせと購入して人に送りつける、という行為に励んでいたのだから、これはもうほとんどビョーキである。

ところが、そうやって私が購入した本の総計は何十冊という数になるのに、現在、私の手元にある彼の本はたったの一冊きりしかない。それも自分で買ったものではなく、この解説執筆のために集英社文庫の編集者から送っていただいた文庫版『幻獣ムベンベを追え』だ。もしかしたらこれはビョーキというより、私の人格にある重大な欠陥が潜んでいることの証しなのか？

それはともかく、いったい彼の本の何が私をそこまで狂わせて……ではなく、魅了しているのだろうか。

まず第一に挙げられるのはその語り口だろう。文体ではなく、「語り口」である。彼の本は、本であるからには当然文字で書かれているわけだが、その文章はほとんど語り芸に近いものといっていい。そしてそれはおそらく、彼の類まれな語学の才能と密接に関わっている。例えば、彼がムベンベ（ネス湖のネッシーと並ぶ未確認巨大生物。『幻獣ムベンベを追え』は必読!!）探しのために学んだコンゴの現地語リンガラ語は、現地民の会話に使われる純然たる口語用言語で、表記するための文字というものが存在しない。民族の物語は口承によって伝えられるのだ。その他、彼がこれまでに行った探検のためにマスターした言語の数は十を下らないが、それらの言葉はすべて読み書きのためではなく（もちろん読み書きもできるのだが）、現地の人々と会話を交わすための手段として身につけたのである。そのような言語感覚の持ち主である彼の文章がきわめて語り（しゃべりではなく、あくまで「語り」なのだ）に近くなるのは、まったくもって当然の成り行きといえるだろう。

だが、ひと口に語りといっても、そこにはいろんな要素が混在している。テンポのいい物語を楽しんでいるうちに、舞台となっている地域の歴史的背景や少数民族事情などが知らず知らずのうちに理解できて勉強になるという点では、ちょっと講談に似ている。また、語り手のリズムに読者を強引に引きずり込んでいつのまにか感覚をマヒさせてしまう、呪術的といってもいいくらいの被共振力はあたかも阿呆陀羅経的である。

そして彼が語る物語の中身はというと、これはもう落語以外のなにものでもない。旅先で遭遇する人物の奇妙キテレツなキャラクターといい、辺境の地に出来《しゅったい》する不条理の数々といい、どれをとっても落語的なのだ。

だいたい、高野秀行という男そのものが実に落語的な人間である。といっても、別に非常識な人間だといっているわけではない。素顔は非常に礼儀正しい青年であり、その言動もいたってまとも――いわば常識人である。しかし、よくよく考えてみれば、そんじょそこらの常識人がアマゾン河の源流を目指したり、ゴールデン・トライアングルに出向いて現地の少数民族と一緒にアヘン作りに精を出したりするはずがない！

『幻獣ムベンベを追え』の解説で宮部みゆきさんは次のように書いている。

「数え切れない障害を乗り越えて、しかし彼らは出かけていった。

何をしに？

幻の怪獣を探しに。

もう一度言います。普通、行かないぞ。」

異議な〜し！　である。でもそんな、普通の人間ならやらないようなこと、思いつきもしないようなことを、彼、高野秀行はやってしまう。

なぜか？

私のような凡人にはまったく想像も及ばないことだが、たぶん、われわれの視野に盲点が存在するが如く、彼の常識人としての思考のどこかに、とんでもない論理の飛躍を生むポイントが隠れているのだろう。彼のそんなところがまことに落語的なのであり、またそんな人間であるからこそ、われわれは自分たちの身に危険が迫ることのないこの日本にいながらにして、彼の繰り広げる荒唐無稽な旅の物語を堪能することができるのだ。

とはいえ、彼はただのお調子もんなんかではない。早稲田大学探検部出身のれっきとした探検家である。ただ闇雲にむちゃくちゃなことをやらかしているわけではなくて、その行動は充分な経験と知識に裏打ちされている（と信じたい）。「探検家」という言葉を聞くと、圧倒的な自然の驚異の中で内省にふける禁欲的な人間をつい連想しがちだけれど、彼の本を読んでいるとそんな探検家像は——これはもう見事としかいいようがないくらいに——みじんも感じられない。この高野の八っつぁんはただひたすら、辺境の地の熊さんや若旦那や横丁のご隠居との珍妙なやりとりに終始しているように思えるのだ。しかし、そこがまさに彼の面目躍如たる点だろう。まっとうな探検家であれば強靭な肉体を得るべく体力作りに励むところ、彼の場合、準備時間の大半はもっぱら現地で使われる言語の習得に費やされている。その辺境語りの面白さは、抜群の語学力を生かして交わされる人々とのコミュニケーションなくしては成立しえないのだ。

この『巨流アマゾンを遡れ』にも、そんな辺境の熊さんやご隠居がたくさん登場する——南米一の大道芸人サッソン、木の皮の使い方ひとつにものすごく気合いの入った説明をしてくれるガイドのジョアキンじいさん、そして未来を予言する呪術師。果ては、あろうことかあるまいことか、本来は旅の仲間であるはずの者までが「日本人の行商人」となって姿を現す始末。

私はおよそ旅というものをしない人間なのでよくわからないが、旅といっても、ただ時間的空間的に移動しているだけでは、こんな連中と出逢うことはまずできないだろう。これはもう彼の才能としかいいようがないのだ。それはつまり、見知らぬ土地でひと癖ある人間を自分の磁場に引き寄せる才能であり、そんな人々と感応しながら物語を紡ぎ出す才能である。

本書の「はじめに」で彼はこんなことを書いている。

「普通の旅行者がよきアマゾン旅行をするのに必要なものは、キャンプ道具でもなければ、多額の予算でもない。毒ヘビの血清でもなければ、根性でもない。他の地域での旅行と同じく、創意・工夫に運と偶然さえあれば、十分なのだ。」

創意・工夫に運と偶然——高野秀行には確かにそれがある。だが、こんなものを「普通の旅行者」に要求する男を常識人と呼ぶのは、やっぱり間違ってるか……。

この作品は一九九一年一〇月、ダイヤモンド・ビッグ社より『地球の歩き方・紀行ガイド　アマゾンの船旅』として刊行されました。

集英社文庫

巨流《きょりゅう》アマゾンを遡《さかのぼ》れ

2003年3月25日　第1刷
2021年6月23日　第8刷

定価はカバーに表示してあります。

著　者　高野秀行《たかのひでゆき》

発行者　徳永　真

発行所　株式会社　集英社
東京都千代田区一ツ橋2-5-10　〒101-8050
電話　【編集部】03-3230-6095
【読者係】03-3230-6080
【販売部】03-3230-6393（書店専用）

印　刷　図書印刷株式会社

製　本　図書印刷株式会社

フォーマットデザイン　アリヤマデザインストア　　マークデザイン　居山浩二

ISBN978-4-08-747559-3 C0195